Cl & Patrimoine

Honoré de Balzac

Le Père Goriot

Appareil pédagogique par

Évelyne Leroy

professeur de Lettres

Lexique établi par

Michèle Sendre-Haïdar

MAGNARD

Présentation : l'auteur, l'œuvre et son contexte

Le Père Goriot

de Honoré de Balzac

Étude de l'œuvre : séances

Sommaire

Présentation : l'auteur, l'œuvre et son contexte

Honoré de Balzac (1799-1850)

Daguerréotype de Balzac,
Louis-Auguste Bisson, 1842.

Né à Tours dans la petite bourgeoisie, Balzac est placé en nourrice, puis en pension : d'abord au collège de Vendôme (1807-1813) puis à Paris (1814-1816).

De 1816 à 1819, inscrit à la faculté de droit, il alterne études et épisodes professionnels chez un avoué puis chez un notaire. De cette jeunesse sans affection, il garde une blessure qu'exprimeront nombre de ses personnages.

En 1819, bachelier en droit, il s'installe dans une mansarde pour écrire seul ou en collaboration divers ouvrages qui paraîtront sous des pseudonymes.

De 1825 à 1828, une courte incursion dans le monde des affaires (Balzac est devenu imprimeur) s'achève par une faillite. D'autres investissements achèveront de le ruiner.

Revenu à la littérature, il connaît un premier succès avec *La Peau de chagrin* (1831). En 1834, avec *Le Père Goriot*, il est en pleine possession de son art : ayant conçu le plan de son œuvre, il inaugure le principe du retour des personnages. Sous le titre d'*Études de mœurs*, qui deviendra *La Comédie humaine* en 1841, il annonce un ensemble de romans dont chacun doit mettre en lumière certains aspects de la société : caractères, âges, professions, milieux, régions. Poussé par cette ambition et par le poids de ses dettes, Balzac travaille comme un forcené : il écrit jour et nuit, soutenu par le café qu'il consomme à l'excès.

En 1850, épuisé, il meurt à cinquante-et-un ans, alors qu'il vient d'épouser madame Hanska, une comtesse polonaise qu'il a aimée et attendue pendant vingt ans ! Il laisse une œuvre considérable.

Page de titre de l'édition originale du *Père Goriot*, 1852,
gravure d'Eugène Lampsonius (Eustache Lorsay, dit),
peintre et illustrateur français (1822-1871).

Présentation : l'auteur, l'œuvre et son contexte

Le Père Goriot (1834-1835)

L'action se situe en 1819, mais c'est la société de 1834 qui est décrite. Une crise économique et politique vient d'engendrer la révolution de Juillet. Charles X, contraint de fuir, est remplacé par Louis-Philippe : l'ancienne noblesse, menacée par une aristocratie d'affaires en pleine expansion, se raidit.

Contexte historique et culturel

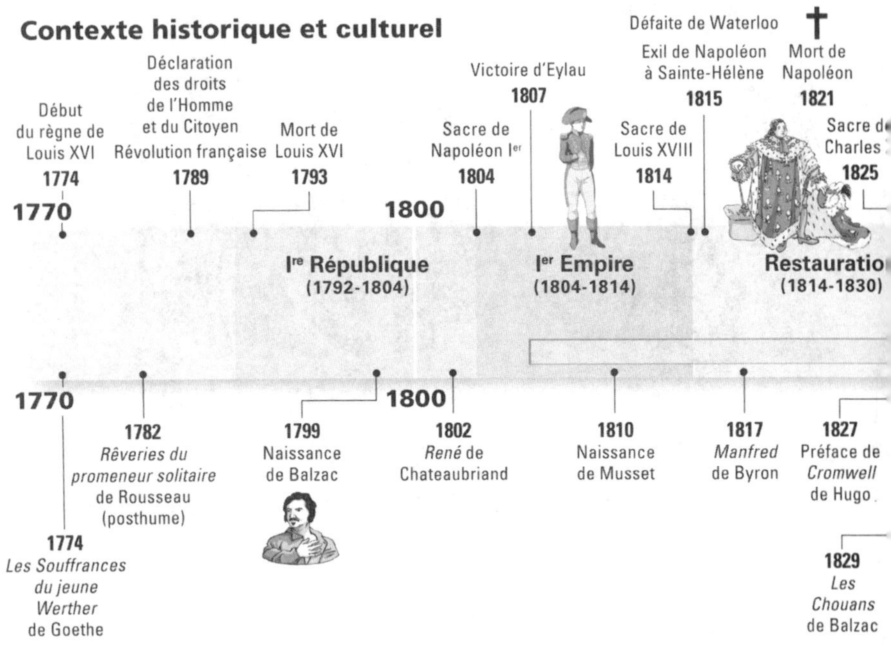

Dans ce contexte, Eugène de Rastignac, jeune aristocrate provincial, mène à Paris la vie d'un étudiant désargenté lorsque l'invitation d'une cousine lui ouvre les portes de la haute aristocratie parisienne. Ébloui, Eugène n'a qu'une obsession : s'élever jusqu'aux sphères de la richesse et du pouvoir. Mais par quels moyens ? C'est son itinéraire que nous suivrons au long de ce superbe roman d'apprentissage.

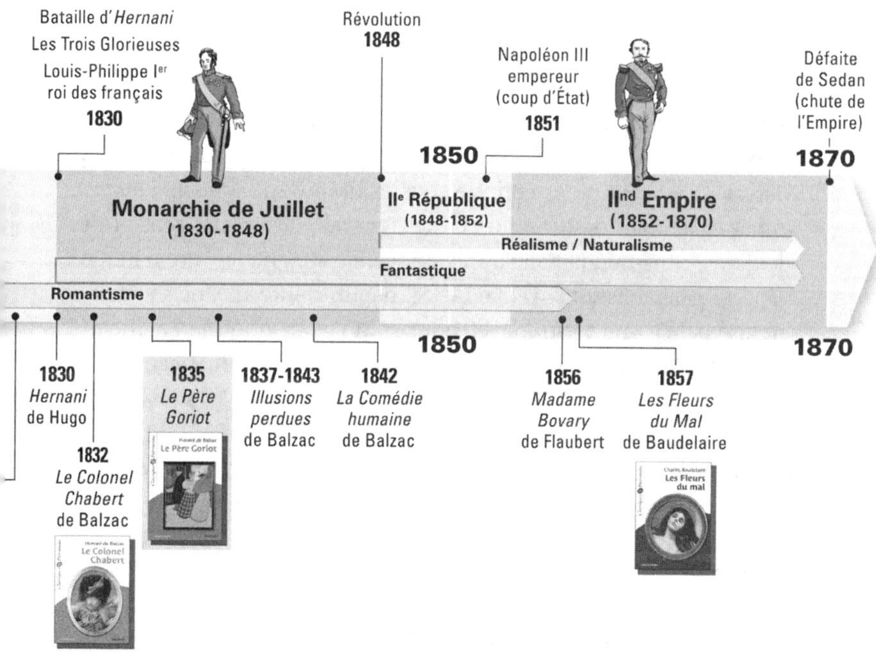

Le Père Goriot

Au grand et illustre Geoffroy-Saint-Hilaire,

comme un témoignage d'admiration de ses travaux et de son génie.

DE BALZAC.

Une pension bourgeoise

Madame Vauquer, née de Conflans, est une vieille femme qui, depuis quarante ans, tient à Paris une pension bourgeoise établie rue Neuve-Sainte-Geneviève[1], entre le quartier latin et le faubourg Saint-Marcel[2]. Cette pension, connue sous le nom de la *Maison Vauquer*, admet également des hommes et des femmes, des jeunes gens et des vieillards, sans que jamais la médisance ait attaqué les mœurs de ce respectable établissement. Mais aussi, depuis trente ans, ne s'y était-il jamais vu de jeune personne, et, pour qu'un jeune homme y demeure, sa famille doit-elle lui faire une bien maigre pension. Néanmoins, en 1819, époque à laquelle ce drame commence, il s'y trouvait une pauvre jeune fille. En quelque discrédit que soit tombé le mot drame par la manière abusive et tortionnaire dont il a été prodigué[3] dans

Vocabulaire et noms propres

1. *Rue Neuve-Sainte-Geneviève :* actuelle rue Tournefort dans le Ve arrondissement. *Voir carte sur le rabat.*

2. *Faubourg Saint-Marcel ou Saint-Marceau :* quartier de Paris particulièrement pauvre à l'époque du roman. Actuellement à cheval entre le Ve et le XIIIe arrondissement. *Voir carte sur le rabat.*

3. *Prodiguer :* donner.

ces temps de douloureuse littérature[1], il est nécessaire de l'employer ici : non que cette histoire soit dramatique dans le sens vrai du mot ; mais, l'œuvre accomplie, peut-être aura-t-on versé quelques larmes *intra muros et extra*[2]. Sera-t-elle comprise au-delà de Paris ? Le doute est permis. Les particularités de cette scène pleine d'observations et de couleur locale ne peuvent être appréciées qu'entre les buttes Montmartre et les hauteurs de Montrouge[3], dans cette illustre vallée de plâtras incessamment près de tomber et de ruisseaux noirs de boue ; vallée remplie de souffrances réelles, de joies souvent fausses, et si terriblement agitée, qu'il faut je ne sais quoi d'exorbitant pour y produire une sensation de quelque durée. Cependant il s'y rencontre çà et là des douleurs que l'agglomération des vices et des vertus rend grandes et solennelles : à leur aspect, les égoïsmes, les intérêts s'arrêtent et s'apitoient ; mais l'impression qu'ils en reçoivent est comme un fruit savoureux promptement dévoré. Le char de la civilisation, semblable à celui de l'idole de Jaggernat[4], à peine retardé par un cœur moins facile à broyer que les autres et qui enraie sa roue, l'a brisé bientôt et continue sa marche glorieuse. Ainsi ferez-vous, vous qui tenez ce livre d'une main blanche, vous qui vous enfoncez dans un moelleux fauteuil en vous disant : « Peut-être ceci va-t-il m'amuser. » Après avoir lu les secrètes infortunes du père Goriot, vous dînerez avec appétit en mettant votre insensibilité sur le compte de l'auteur, en le taxant d'exagération, en l'accusant de poésie. Eh bien, sachez-le ! ce drame n'est ni une fiction ni un roman : *All is true*[5], il est si

Vocabulaire et noms propres

1. *Dans ces temps de douloureuse littérature :* allusion aux querelles sur le drame romantique et à la mode du roman noir qui se caractérise par des épisodes sanglants.

2. *Intra muros et extra :* à l'intérieur et à l'extérieur des murs qui, à l'époque encore, entourent Paris.

3. *Montmartre et Montrouge :* limites au nord et au sud de Paris. *Voir carte sur le rabat.*

4. *Jaggernat (Jagannâtha) :* idole incarnant le dieu hindou Vishnu. Lors des processions, certains fidèles se sacrifiaient en se jetant sous les roues du char qui la transportait.

5. *All is true :* expression anglaise signifiant « Tout est vrai ».

véritable, que chacun peut en reconnaître les éléments chez soi, dans son cœur peut-être !

La maison où s'exploite la pension bourgeoise appartient à madame Vauquer. Elle est située dans le bas de la rue Neuve-Sainte-Geneviève, à l'endroit où le terrain s'abaisse vers la rue de l'Arbalète par une pente si brusque et si rude que les chevaux la montent ou la descendent rarement.

*[Situé entre le Val-de-Grâce[1] et le Panthéon[2], ce quartier silencieux, assombri par l'ombre jaunâtre des deux coupoles, abrite une population de vieillards et d'étudiants pauvres dans une atmosphère carcérale.]**

La façade de la pension donne sur un jardinet, en sorte que la maison tombe à angle droit sur la rue Neuve-Sainte-Geneviève, où vous la voyez coupée dans sa profondeur. Le long de cette façade, entre la maison et le jardinet, règne un cailloutis[3] en cuvette, large d'une toise[4], devant lequel est une allée sablée, bordée de géraniums, de lauriers-roses et de grenadiers plantés dans de grands vases en faïence bleue et blanche. On entre dans cette allée par une porte bâtarde[5] surmontée d'un écriteau sur lequel est écrit : MAISON VAUQUER, et dessous : *Pension bourgeoise des deux sexes et autres*. Pendant le jour, une porte à claire-voie[6], armée d'une sonnette criarde, laisse

* Les textes présentés en italique et entre crochets sont les résumés des passages coupés.

Vocabulaire et noms propres

1. *Val-de-Grâce :* ancien couvent situé dans le Ve arrondissement et transformé en hôpital à l'époque de la Révolution. *Voir carte sur le rabat.*

2. *Panthéon :* église construite au cœur du Quartier latin (1764-1780) ; devenue depuis un monument laïque destiné à la commémoration des grands hommes. *Voir carte sur le rabat.*

3. *Cailloutis :* surface recouverte de petits cailloux.

4. *Toise :* unité de mesure d'environ 2 mètres.

5. *Porte bâtarde :* porte d'une taille intermédiaire entre la porte piétonne et la porte cochère destinée aux attelages.

6. *À claire-voie :* qui laisse voir au travers.

apercevoir au bout du petit pavé, sur le mur opposé à la rue, une arcade peinte en marbre vert par un artiste du quartier. Sous le renforcement que simule cette peinture s'élève une statue représentant l'Amour. […]

À la nuit tombante, la porte à claire-voie est remplacée par une porte pleine. Le jardinet, aussi large que la façade est longue, se trouve encaissé par le mur de la rue et par le mur mitoyen de la maison voisine, le long de laquelle pend un manteau de lierre qui la cache entièrement et attire les yeux des passants par un effet pittoresque dans Paris. Chacun de ces murs est tapissé d'espalier et de vigne dont les fructifications grêles et poudreuses sont l'objet des craintes annuelles de madame Vauquer et de ses conversations avec les pensionnaires. Le long de chaque muraille règne une étroite allée qui mène à un couvert de tilleuls, mot que madame Vauquer, quoique née de Conflans, prononce obstinément *tieuilles*, malgré les observations grammaticales de ses hôtes. Entre les deux allées latérales est un carré d'artichauts flanqué d'arbres fruitiers en quenouille, et bordé d'oseille, de laitue ou de persil. Sous le couvert de tilleuls est plantée une table ronde peinte en vert, et entourée de sièges. Là, durant les jours caniculaires, les convives assez riches pour se permettre de prendre du café viennent le savourer par une chaleur capable de faire éclore des œufs. […]

Naturellement destiné à l'exploitation de la pension bourgeoise, le rez-de-chaussée se compose d'une première pièce éclairée par les deux croisées[1] de la rue, et où l'on entre par une porte-fenêtre. Ce salon communique à une salle à manger qui est séparée de la cuisine par la cage d'un escalier dont les marches sont en bois et en carreaux mis en couleur et frottés. Rien n'est plus triste à voir que ce salon meublé de fauteuils et de chaises en étoffe de crin à raies alternativement mates et luisantes. […] Cette première pièce exhale

Vocabulaire
1. *Croisées :* fenêtres.

une odeur sans nom dans la langue, et qu'il faudrait appeler l'*odeur de pension*. Elle sent le renfermé, le moisi, le rance ; elle donne froid, elle est humide au nez, elle pénètre les vêtements ; elle a le goût d'une salle où l'on a dîné ; elle pue le service, l'office[1], l'hospice[2]. Peut-être pourrait-elle se décrire si l'on inventait un procédé pour évaluer les quantités élémentaires et nauséabondes[3] qu'y jettent les atmosphères catarrhales[4] et *sui generis*[5] de chaque pensionnaire, jeune ou vieux. Eh bien, malgré ces plates horreurs, si vous le compariez à la salle à manger, qui lui est contiguë[6], vous trouveriez ce salon élégant et parfumé comme doit l'être un boudoir[7]. Cette salle, entièrement boisée, fut jadis peinte en une couleur indistincte aujourd'hui, qui forme un fond sur lequel la crasse a imprimé ses couches de manière à y dessiner des figures bizarres. Elle est plaquée de buffets gluants sur lesquels sont des carafes échancrées, ternies, des ronds de moiré métallique[8], des piles d'assiettes en porcelaine épaisse, à bord bleus, fabriquées à Tournai. Dans un angle est placée une boîte à cases numérotées qui sert à garder les serviettes, ou tachées ou vineuses de chaque pensionnaire. Il s'y rencontre de ces meubles indestructibles, proscrits partout, mais placés là comme le sont les débris de la civilisation aux Incurables[9]. [...] Pour expliquer combien ce mobilier est vieux, crevassé, pourri, tremblant, rongé, manchot, borgne, invalide, expirant, il faudrait en faire une description qui retarderait trop l'intérêt de cette histoire, et que les gens pressés ne pardonneraient pas. Le carreau rouge est plein de vallées produites par le frottement ou par

Vocabulaire et noms propres

1. *Office :* cuisine où l'on prépare les plats.
2. *Hospice :* établissement destiné à accueillir les gens en détresse.
3. *Nauséabondes :* désagréables.
4. *Catarrhales :* malsaines, contaminées par le rhume.
5. *Sui generis :* particulière à chaque personne.
6. *Contiguë :* attenante.
7. *Boudoir :* salon intime d'une dame.
8. *Moiré métallique :* surface métallique travaillée de façon à donner des reflets changeants.
9. *Incurables :* hospice où l'on recueillait les pauvres au seuil de la mort.

les mises en couleur. Enfin, là règne la misère sans poésie ; une misère économe, concentrée, râpée. Si elle n'a pas de fange[1] encore, elle a des taches ; si elle n'a ni trous ni haillons, elle va tomber en pourriture. Cette pièce est dans tout son lustre au moment où, vers sept heures du matin, le chat de madame Vauquer précède sa maîtresse, saute sur les buffets, y flaire le lait que contiennent plusieurs jattes couvertes d'assiettes, et fait entendre son *rourou* matinal. Bientôt la veuve se montre, attifée[2] de son bonnet de tulle sous lequel pend un tour de faux cheveux[3] mal mis ; elle marche en traînassant ses pantoufles grimacées[4]. Sa face vieillotte, grassouillette, du milieu de laquelle sort un nez à bec de perroquet ; ses petites mains potelées, sa personne dodue comme un rat d'église, son corsage trop plein et qui flotte, sont en harmonie avec cette salle où suinte le malheur, où s'est blottie la spéculation[5], et dont madame Vauquer respire l'air chaudement fétide[6], sans en être écœurée. Sa figure fraîche comme une première gelée d'automne, ses yeux ridés, dont l'expression passe du sourire prescrit aux danseuses à l'amer renfrognement de l'escompteur[7], enfin toute sa personne explique la pension, comme la pension implique la personne. […]

Généralement, les pensionnaires externes ne s'abonnaient qu'au dîner, qui coûtait trente francs par mois. À l'époque où cette histoire commence, les internes étaient au nombre de sept. Le premier étage contenait les deux meilleurs appartements de la maison. Madame Vauquer habitait le moins considérable, et l'autre appartenait à madame Couture, veuve d'un commissaire-ordonnateur[8] de la République française. Elle avait avec elle une très jeune personne,

Vocabulaire

1. *Fange :* boue.
2. *Attifée :* mal habillée.
3. *Tour de faux cheveux :* bandeau de faux cheveux.
4. *Pantoufles grimacées :* plissées par l'usure.
5. *Spéculation :* goût du profit.
6. *Fétide :* forte et écœurante.
7. *Escompteur :* qui prête de l'argent à profit.
8. *Commissaire-ordonnateur :* officier d'intendance dans l'armée.

nommée Victorine Taillefer, à qui elle servait de mère. La pension de ces deux dames montait à dix-huit cents francs. Les deux appartements du second étaient occupés, l'un par un vieillard nommé Poiret ; l'autre, par un homme âgé d'environ quarante ans, qui portait une perruque noire, se teignait les favoris, se disait ancien négociant, et s'appelait monsieur Vautrin. Le troisième étage se composait de quatre chambres, dont deux étaient louées, l'une par une vieille fille nommée mademoiselle Michonneau ; l'autre, par un ancien fabricant de vermicelles, de pâtes d'Italie et d'amidon, qui se laissait nommer *le père Goriot*. Les deux autres chambres étaient destinées aux oiseaux de passage, à ces infortunés étudiants qui, comme le père Goriot et mademoiselle Michonneau, ne pouvaient mettre que quarante-cinq francs par mois à leur nourriture et leur logement ; mais madame Vauquer souhaitait peu leur présence et ne les prenait que quand elle ne trouvait pas mieux : ils mangeaient trop de pain. En ce moment, l'une de ces chambres appartenait à un jeune homme venu des environs d'Angoulême à Paris pour y faire son droit, et dont la nombreuse famille se soumettait aux plus dures privations afin de lui envoyer douze cents francs par an. Eugène de Rastignac, ainsi se nommait-il, était un de ces jeunes gens façonnés au travail par le malheur, qui comprennent dès le jeune âge les espérances que leurs parents placent en eux, et qui se préparent une belle destinée en calculant déjà la portée de leurs études, et les adaptant par avance au mouvement futur de la société, pour être les premiers à la pressurer[1]. [...]

Au-dessus de ce troisième étage étaient un grenier à étendre le linge et deux mansardes où couchaient un garçon de peine, nommé Christophe, et la grosse Sylvie, la cuisinière. Outre les sept pensionnaires internes, madame Vauquer avait, bon an, mal an, huit étudiants

Vocabulaire
1. *Pressurer :* tirer le maximum de profit.

en droit ou en médecine, et deux ou trois habitués qui demeuraient dans le quartier, abonnés tous pour le dîner seulement. [...]

La vieille demoiselle Michonneau gardait sur ses yeux fatigués, un crasseux abat-jour en taffetas vert, cerclé par du fil d'archal[1] qui aurait effarouché l'ange de pitié. Son châle à franges maigres et pleurardes semblait couvrir un squelette, tant les formes qu'il cachait étaient anguleuses. Quel acide avait dépouillé cette créature de ses formes féminines ? Elle devait avoir été jolie et bien faite : était-ce le vice, le chagrin, la cupidité[2] ? avait-elle trop aimé ? avait-elle été marchande à la toilette[3], ou seulement courtisane ? expiait-elle les triomphes d'une jeunesse insolente au-devant de laquelle s'étaient rués les plaisirs par une vieillesse que fuyaient les passants ? Son regard blanc donnait froid, sa figure rabougrie[4] menaçait. Elle avait la voix clairette d'une cigale criant dans son buisson aux approches de l'hiver. Elle disait avoir pris soin d'un vieux monsieur affecté d'un catarrhe à la vessie[5], et abandonné par ses enfants, qui l'avaient cru sans ressource. Ce vieillard lui avait légué mille francs de rente viagère, périodiquement disputés par les héritiers, aux calomnies desquelles elle était en butte. Quoique le jeu des passions eût ravagé sa figure, il s'y trouvait encore certains vestiges d'une blancheur et d'une finesse dans le tissu qui permettaient de supposer que le corps conservait quelques restes de beauté.

Monsieur Poiret était une espèce de mécanique. En l'apercevant s'étendre comme une ombre grise le long d'une allée au Jardin des Plantes, la tête couverte d'une vieille casquette flasque, tenant à peine sa canne à pomme d'ivoire jauni dans sa main,

Vocabulaire

1. *Fil d'archal :* fil de fer ou de laiton recouvert de papier ou de tissu pour divers usages.
2. *Cupidité :* avidité pour les richesses.
3. *Marchande à la toilette :* qui fait commerce de vêtements d'occasion.
4. *Rabougrie :* ratatinée.
5. *Catarrhe à la vessie :* inflammation de la vessie.

laissant flotter les pans flétris de sa redingote qui cachait mal une culotte presque vide, et des jambes en bas bleus qui flageolaient comme celles d'un homme ivre, montrant son gilet blanc sale et son jabot de grosse mousseline recroquevillée qui s'unissait imparfaitement à sa cravate cordée autour de son cou de dindon, bien des gens se demandaient si cette ombre chinoise appartenait à la race audacieuse des fils de Japhet[1] qui papillonnent sur le boulevard italien. Quel travail avait pu le ratatiner ainsi ? quelle passion avait bistré[2] sa face bulbeuse[3], qui dessinée en caricature, aurait paru hors de vrai ? Ce qu'il avait été ?

[Balzac l'imagine employé au ministère de la Justice au service des exécutions capitales, portier aux portes d'un abattoir ou encore sous-inspecteur de la salubrité ! « Un des ânes de notre grand moulin social », dont on dit en les voyant : « Il en faut pourtant comme ça… »]

Deux figures y formaient un contraste frappant avec la masse des pensionnaires et des habitués. Quoique mademoiselle Victorine Taillefer eût une blancheur maladive semblable à celle des jeunes filles attaquées de chlorose[4], et qu'elle se rattachât à la souffrance générale qui faisait le fond de ce tableau par une tristesse habituelle, par une contenance gênée, par un air pauvre et grêle, néanmoins son visage n'était pas vieux, ses mouvements et sa voix étaient agiles. Ce jeune malheur ressemblait à un arbuste aux feuilles jaunies, fraîchement planté dans un terrain contraire. Sa physionomie roussâtre, ses cheveux d'un blond fauve, sa taille trop mince, exprimaient cette grâce que les poètes modernes trouvaient aux statuettes du Moyen Âge.

Vocabulaire et nom propre

1. *Fils de Japhet :* périphrase pour désigner « les hommes ». Dans la Bible, Japhet est un des trois fils de Noé.
2. *Bistré :* rendu malsain, terreux, d'un brun jaunâtre.
3. *Bulbeuse :* marquée de boursouflures.
4. *Chlorose :* anémie.

Ses yeux gris mélangés de noir exprimaient une douceur, une résignation chrétiennes. Ses vêtements, simples, peu coûteux, trahissaient des formes jeunes. Elle était jolie par juxtaposition. Heureuse, elle eût été ravissante : le bonheur est la poésie des femmes, comme la toilette en est le fard.

[Victorine a été reniée par son père qui l'a déshéritée au profit de son frère. Sa mère en est morte de désespoir et la jeune fille mène une vie modeste et pieuse sous la direction de Mme Couture, parente maternelle éloignée mais aimante. La jeune fille espère toujours fléchir ce père inflexible qu'elle continue d'aimer.]

Eugène de Rastignac avait un visage tout méridional, le teint blanc, des cheveux noirs, des yeux bleus. Sa tournure, ses manières, sa pose habituelle, dénotaient le fils d'une famille noble, où l'éducation première n'avait comporté que des traditions de bon goût. S'il était ménager[1] de ses habits, si les jours ordinaires il achevait d'user les vêtements de l'an passé, néanmoins il pouvait sortir quelquefois mis comme l'est un jeune homme élégant. Ordinairement, il portait une vieille redingote, un mauvais gilet, la méchante cravate noire, flétrie, mal nouée de l'étudiant, un pantalon à l'avenant et des bottes ressemelées.

Entre ces deux personnages et les autres, Vautrin, l'homme de quarante ans, à favoris peints, servait de transition. Il était de ces gens dont le peuple dit : « Voilà un fameux gaillard ! » Il avait les épaules larges, le buste bien développé, les muscles apparents, des mains épaisses, carrées et fortement marquées aux phalanges par des bouquets de poils touffus et d'un roux ardent. Sa figure, rayée par des rides prématurées, offrait des signes de dureté que démentaient ses manières souples et liantes. Sa voix de basse taille, en harmonie

Vocabulaire
1. *Ménager :* soigneux, précautionneux.

avec sa grosse gaité, ne déplaisait point. Il était obligeant[1] et rieur. Si quelque serrure allait mal, il l'avait bientôt démontée, rafistolée, huilée, limée, remontée, en disant : « Ça me connaît. » Il connaissait tout d'ailleurs, les vaisseaux, la mer, la France, l'étranger, les affaires, les hommes, les événements, les lois, les hôtels et les prisons. Si quelqu'un se plaignait par trop, il lui offrait aussitôt ses services. Il avait prêté plusieurs fois de l'argent à madame Vauquer et à quelques pensionnaires ; mais ses obligés seraient morts plutôt que de ne pas le lui rendre, tant, malgré son air bonhomme[2], il imprimait de crainte par un certain regard profond et plein de résolution. À la manière dont il lançait un jet de salive, il annonçait un sang-froid imperturbable qui ne devait pas le faire reculer devant un crime pour sortir d'une position équivoque[3].

[Au mieux avec la patronne qu'il sait flatter, Vautrin est un personnage trouble, aussi discret sur son passé que sur son emploi du temps.]

Une réunion semblable devait offrir et offrait en petit les éléments d'une société complète. Parmi les dix-huit convives, il se rencontrait, comme dans les collèges, comme dans le monde, une pauvre créature rebutée[4], un souffre-douleur sur qui pleuvaient les plaisanteries. Au commencement de la seconde année, cette figure devint pour Eugène de Rastignac la plus saillante[5] de toutes celles au milieu desquelles il était condamné à vivre encore pendant deux ans. Ce *Pâtiras*[6] était l'ancien vermicellier, le père Goriot, sur la tête duquel un peintre aurait, comme l'historien, fait tomber toute la lumière du tableau. Par quel hasard ce mépris à demi haineux, cette persécution mélangée de pitié, ce non-respect du malheur, avaient-ils frappé le plus ancien pensionnaire ? […]

Vocabulaire

1. *Obligeant :* serviable.
2. *Bonhomme :* inoffensif.
3. *Équivoque :* dont l'issue est douteuse.
4. *Rebutée :* rejetée.
5. *Saillante :* qui se remarque.
6. *Pâtiras :* souffre-douleur.

Le père Goriot, vieillard de soixante-neuf ans environ, s'était retiré chez madame Vauquer, en 1813, après avoir quitté les affaires. Il y avait d'abord pris l'appartement occupé par madame Couture, et donnait douze cents francs de pension, en homme pour qui cinq louis de plus ou de moins étaient une bagatelle. Madame Vauquer avait rafraîchi les trois chambres de cet appartement moyennant une indemnité préalable qui paya, dit-on, la valeur d'un méchant ameublement composé de rideaux en calicot[1] jaune, de fauteuils en bois verni couvert de velours d'Utrecht, de quelques peintures à la colle[2], et de papiers que refusaient les cabarets de la banlieue. Peut-être l'insouciante générosité que mit à se laisser attraper le père Goriot, qui vers cette époque était respectueusement nommé Monsieur Goriot, le fit-elle considérer comme un imbécile qui ne connaissait rien aux affaires. Monsieur Goriot vint muni d'une garde-robe bien fournie, le trousseau magnifique du négociant[3] qui ne se refuse rien en se retirant du commerce. Madame Vauquer avait admiré dix-huit chemises de demi-hollande[4], dont la finesse était d'autant plus remarquable que le vermicellier portait sur son jabot deux épingles unies par une chaînette, et dont chacune était montée d'un gros diamant. Habituellement vêtu d'un habit bleu-barbeau[5], il prenait chaque jour un gilet de piqué[6] blanc, sous lequel fluctuait son ventre piriforme[7] et proéminent, qui faisait rebondir une lourde chaîne d'or garnie de breloques. Sa tabatière, également en or, contenait un médaillon plein de cheveux qui le rendaient en apparence coupable de quelques bonnes fortunes. Lorsque son hôtesse l'accusa d'être un *galantin*[8],

Vocabulaire

1. *Calicot :* toile de coton grossièrement tissée.
2. *Peintures à la colle :* peintures bon marché.
3. *Négociant :* commerçant.
4. *Demi-hollande :* étoffe de toile fine.
5. *Bleu-barbeau, dit aussi « bleu bleuet » :* bleu moyen à la mode au XIXe siècle pour les habits masculins.
6. *Piqué :* étoffe de coton de qualité formant des motifs en relief.
7. *Piriforme :* en forme de poire.
8. *Galantin :* homme d'une galanterie ridicule envers les femmes.

il laissa errer sur ses lèvres le gai sourire du bourgeois dont on a flatté le *dada*. Ses *ormoires* (il prononçait ce mot à la manière du menu peuple) furent remplies par la nombreuse argenterie de son ménage. Les yeux de la veuve s'allumèrent quand elle l'aida complaisamment à déballer et ranger les louches, les cuillers à ragoût, les huiliers, les saucières, plusieurs plats, des déjeuners en vermeil[1], enfin des pièces plus ou moins belles, pesant un certain nombre de marcs[2], et dont il ne voulait pas se défaire.

[Mme Vauquer s'imagine déjà en épouse respectée du riche négociant. Une nouvelle pensionnaire, qui se fait appeler la comtesse de l'Ambermesnil, se charge des approches qu'elle espère mener pour son propre compte ! Le succès en est tel que la soi-disant comtesse disparaît, laissant six mois de pension impayée. La perte s'ajoutant au dépit, Mme Vauquer poursuit désormais Goriot d'une haine qui se manifeste par des privations mesquines, des propos venimeux, et un encouragement aux railleries des autres.

À la fin de la deuxième année, des difficultés financières ayant contraint l'ancien vermicellier de monter d'un étage pour réduire sa pension, la patronne s'autorise toutes les insolences. Ainsi, voyant descendre une des jeunes femmes luxueusement mises qui parfois lui rendent visite, lui demande-t-elle grossièrement « ce qu'il compt[e] faire de sa maison » ! Celui qu'elle nomme désormais « le père Goriot » dit que ce sont ses filles mais personne ne le croit.]

Vers la fin de la troisième année, le père Goriot réduisit encore ses dépenses, en montant au troisième étage et en se mettant à quarante-cinq francs de pension par mois. Il se passa de tabac, congédia son perruquier et ne mit plus de poudre. Quand le père Goriot parut

Vocabulaire

1. *Vermeil* : métal précieux ; argent recouvert d'or.

2. *Marcs* : unités de poids (245 grammes environ) qui servaient à peser l'or et l'argent.

pour la première fois sans être poudré, son hôtesse laissa échapper une exclamation de surprise en apercevant la couleur de ses cheveux, ils étaient d'un gris sale et verdâtre. Sa physionomie, que des chagrins secrets avaient insensiblement rendue plus triste de jour en jour, semblait la plus désolée de toutes celles qui garnissaient la table. Il n'y eut alors plus aucun doute : le père Goriot était un vieux libertin[1] dont les yeux n'avaient été préservés de la maligne influence des remèdes nécessités par ses maladies que par l'habileté d'un médecin. La couleur dégoûtante de ses cheveux provenait de ses excès et des drogues qu'il avait prises pour les continuer. L'état physique et moral du bonhomme donnait raison à ces radotages. Quand son trousseau fut usé, il acheta du calicot à quatorze sous l'aune[2] pour remplacer son beau linge. Ses diamants, sa tabatière d'or, sa chaîne, ses bijoux disparurent un à un. Il avait quitté l'habit bleu-barbeau, tout son costume cossu, pour porter, été comme hiver, une redingote de drap marron grossier, un gilet en poil de chèvre et un pantalon gris en cuir de laine. Il devint progressivement maigre ; ses mollets tombèrent ; sa figure, bouffie par le contentement d'un bonheur bourgeois, se rida démesurément ; son front se plissa, sa mâchoire se dessina. Durant la quatrième année de son établissement rue Neuve-Sainte-Geneviève, il ne se ressemblait plus. Le bon vermicellier de soixante-deux ans qui ne paraissait pas en avoir quarante, le bourgeois gros et gras, frais de bêtise, dont la tenue égrillarde[3] réjouissait les passants, qui avait quelque chose de jeune dans le sourire, semblait être un septuagénaire hébété, vacillant, blafard. Ses yeux bleus si vivaces prirent des teintes ternes et gris de fer, ils avaient pâli, ne larmoyaient plus, et leur bordure rouge semblait pleurer du sang. Aux uns, il faisait horreur ; aux autres, il faisait pitié. [...]

Vocabulaire

1. *Libertin :* qui a des mœurs très libres.
2. *Aune :* ancienne mesure de longueur d'environ 1,20 mètre.
3. *Égrillarde :* osée, dont l'excentricité suscite le rire.

Aussi, vers la fin du mois de novembre 1819, époque à laquelle éclata ce drame, chacun dans la pension avait-il des idées bien arrêtées sur le pauvre vieillard. Il n'avait jamais eu ni fille ni femme ; l'abus des plaisirs en faisait un colimaçon, un mollusque anthropomorphe à classer dans les *Casquettifères*[1], disait un employé au Muséum, un des habitués à cachet. Poiret était un aigle, un gentleman auprès de Goriot. Poiret parlait, raisonnait, répondait ; il ne disait rien, à la vérité, en parlant, raisonnant ou répondant, car il avait l'habitude de répéter en d'autres termes ce que les autres disaient ; mais il contribuait à la conversation, il était vivant, il paraissait sensible ; tandis que le père Goriot, disait encore l'employé au Muséum, était constamment à zéro de Réaumur[2]. Eugène de Rastignac était revenu dans une disposition d'esprit que doivent avoir connue les jeunes gens supérieurs, ou ceux auxquels une position difficile communique momentanément les qualités des hommes d'élite. Pendant sa première année de séjour à Paris, le peu de travail que veulent les premiers grades à prendre dans la Faculté l'avait laissé libre de goûter les délices visibles du Paris matériel. Un étudiant n'a pas trop de temps s'il veut connaître le répertoire de chaque théâtre, étudier les issues du labyrinthe parisien, savoir les usages, apprendre la langue et s'habituer aux plaisirs particuliers de la capitale ; fouiller les bons et les mauvais endroits, suivre les cours qui amusent, inventorier les richesses des musées. Un étudiant se passionne alors pour des niaiseries qui lui paraissent grandioses. Il a son grand homme, un professeur du Collège de France, payé pour se tenir à la hauteur de son auditoire. Il rehausse sa cravate et se pose pour la femme des premières galeries de l'Opéra-Comique. Dans ces initiations excessives, il se dépouille de son aubier[3], agrandit l'horizon de sa

Vocabulaire

1. *Casquettifères :* qui porte une casquette ; néologisme forgé sur le modèle des noms servant à classer les espèces botaniques ou zoologiques.

2. *À zéro de Réaumur :* nul.

3. *Aubier :* partie la plus tendre et la plus récente de l'arbre, située sous l'écorce.

vie, et finit par concevoir la superposition des couches humaines qui composent la société. S'il a commencé par admirer les voitures au défilé des Champs-Élysées par beau soleil, il arrive bientôt à les envier. Eugène avait subi cet apprentissage à son insu, quand il partit en vacances, après avoir été reçu bachelier ès lettres et bachelier en droit. Ses illusions d'enfance, ses idées de province avaient disparu. Son intelligence modifiée, son ambition exaltée, lui firent voir juste au milieu du manoir paternel, au sein de la famille. Son père, sa mère, ses deux frères, ses deux sœurs, et une tante dont la fortune consistait en pensions, vivaient sur la petite terre de Rastignac. Ce domaine, d'un revenu d'environ trois mille francs, était soumis à l'incertitude qui régit le produit tout industriel de la vigne, et néanmoins il fallait en extraire chaque année douze cents francs pour lui. L'aspect de cette constante détresse qui lui était généreusement cachée, la comparaison qu'il fut forcé d'établir entre ses sœurs, qui lui semblaient si belles dans son enfance, et les femmes de Paris, qui lui avaient réalisé le type d'une beauté rêvée, l'avenir incertain de cette nombreuse famille qui reposait sur lui, la parcimonieuse[1] attention avec laquelle il vit serrer les plus minces productions, la boisson faite pour sa famille avec les marcs du pressoir, enfin une foule de circonstances inutiles à consigner ici décuplèrent son désir de parvenir et lui donnèrent soif de distinctions. Comme il arrive aux âmes grandes, il voulut ne rien devoir qu'à son mérite. Mais son esprit était éminemment méridional ; à l'exécution, ses déterminations devaient donc être frappées de ces hésitations qui saisissent les jeunes gens quand ils se trouvent en pleine mer, sans savoir ni de quel côté diriger leurs forces, ni sous quel angle enfler leurs voiles. Si d'abord il voulut se jeter à corps perdu dans le travail, séduit bientôt par la nécessité de se créer des relations, il remarqua combien les femmes ont d'influence sur la vie sociale, et avisa soudain à se

Vocabulaire
1. *Parcimonieuse :* économe.

lancer dans le monde, afin d'y conquérir des protectrices : devaient-elles manquer à un jeune homme ardent et spirituel, dont l'esprit et l'ardeur étaient rehaussés par une tournure élégante et par une sorte de beauté nerveuse à laquelle les femmes se laissent prendre volontiers ? Ces idées l'assaillirent au milieu des champs, pendant les promenades que jadis il faisait gaiement avec ses sœurs, qui le trouvèrent bien changé. Sa tante, madame de Marcillac, autrefois présentée à la cour, y avait connu les sommités aristocratiques. Tout à coup le jeune ambitieux reconnut, dans les souvenirs dont sa tante l'avait si souvent bercé, les éléments de plusieurs conquêtes sociales, au moins aussi importantes que celles qu'il entreprenait à l'École de droit ; il la questionna sur les liens de parenté qui pouvaient encore se renouer. Après avoir secoué les branches de l'arbre généalogique, la vieille dame estima que, de toutes les personnes qui pouvaient servir son neveu parmi la gent égoïste des parents riches, madame la vicomtesse de Beauséant serait la moins récalcitrante. Elle écrivit à cette jeune femme une lettre de l'ancien style, et la remit à Eugène, en lui disant que, s'il réussissait auprès de la vicomtesse, elle lui ferait retrouver ses autres parents. Quelques jours après son arrivée, Rastignac envoya la lettre de sa tante à madame de Beauséant. La vicomtesse répondit par une invitation de bal pour le lendemain.

Telle était la situation générale de la pension bourgeoise à la fin du mois de novembre 1819. Quelques jours plus tard, Eugène, après être allé au bal de madame de Beauséant, rentra vers deux heures dans la nuit. Afin de regagner le temps perdu, le courageux étudiant s'était promis, en dansant, de travailler jusqu'au matin. Il allait passer la nuit pour la première fois au milieu de ce silencieux quartier, car il s'était mis sous le charme[1] d'une fausse énergie en voyant les splendeurs du monde. [...] Eugène resta pensif pendant quelques moments avant de se plonger dans ses livres de droit. Il venait de

Vocabulaire

1. *Charme :* illusion.

reconnaître en madame la vicomtesse de Beauséant l'une des reines de la mode à Paris, et donc la maison passait pour être la plus agréable du faubourg Saint-Germain[1]. Elle était d'ailleurs, et par son nom et par sa fortune, l'une des sommités du monde aristocratique. Grâce à sa tante de Marcillac, le pauvre étudiant avait été bien reçu dans cette maison, sans connaître l'étendue de cette faveur. Être admis dans ces salons dorés équivalait à un brevet de haute noblesse. En se montrant dans cette société, la plus exclusive de toutes, il avait conquis le droit d'aller partout. Ébloui par cette brillante assemblée, ayant à peine échangé quelques paroles avec la vicomtesse, Eugène s'était contenté de distinguer, parmi la foule des déités[2] parisiennes qui se pressaient dans ce raout[3], une de ces femmes que doit adorer tout d'abord un jeune homme. La comtesse Anastasie de Restaud, grande et bien faite, passait pour avoir l'une des plus jolies tailles de Paris. Figurez-vous de grands yeux noirs, une main magnifique, un pied bien découpé, du feu dans les mouvements, une femme que le marquis de Ronquerolles nommait un cheval de pur sang. Cette finesse de nerfs ne lui ôtait aucun avantage ; elle avait les formes pleines et rondes, sans qu'elle pût être accusée de trop d'embonpoint. [...] Et l'aventureux méridional s'était empressé de se lier avec cette délicieuse comtesse, autant qu'un jeune homme peut se lier avec une femme pendant une contredanse et une valse. En se disant cousin de madame de Beauséant, il fut invité par cette femme, qu'il prit pour une grande dame, et eut ses entrées chez elle. [...] Sa pensée vagabonde escomptait[4] si drûment ses joies futures qu'il se croyait auprès de madame de Restaud, quand un soupir semblable à un *han* de saint Joseph troubla le silence de la nuit, retentit au cœur du jeune homme de manière à le lui faire prendre pour le râle d'un moribond. Il ouvrit

Vocabulaire et noms propres

1. *Faubourg Saint-Germain :* quartier où se regroupe l'aristocratie de l'Ancien Régime. *Voir carte sur le rabat.*
2. *Déités :* divinités.
3. *Raout :* réunion.
4. *Escomptait :* espérait.

doucement sa porte et, quand il fut dans le corridor, il aperçut une ligne de lumière tracée au bas de la porte du père Goriot. Eugène craignit que son voisin ne se trouvât indisposé, il approcha son œil de la serrure, regarda dans la chambre et vit le vieillard occupé de travaux qui lui parurent trop criminels pour qu'il ne crût pas rendre service à la société en examinant bien ce que machinait nuitamment le soi-disant vermicellier. Le père Goriot, qui sans doute avait attaché sur la barre d'une table renversée un plat et une soupière en vermeil, tournait une espèce de câble autour de ces objets richement sculptés, en les serrant avec une si grande force, qu'il les tordait vraisemblablement pour les convertir en lingots. « Peste ! quel homme ! » se dit Rastignac en voyant les bras nerveux du vieillard qui, à l'aide de cette corde, pétrissait sans bruit l'argent doré comme une pâte. « Mais serait-ce donc un voleur ou un recéleur[1] qui, pour se livrer plus sûrement à son commerce, affectait la bêtise, l'impuissance, et vivrait en mendiant ? » se dit Eugène en se relevant un moment. L'étudiant appliqua de nouveau son œil à la serrure. Le père Goriot, qui avait déroulé son câble, prit la masse d'argent, la mit sur la table après avoir étendu sa couverture, et l'y roula pour l'arrondir en barre, opération dont il s'acquitta avec une facilité merveilleuse. « Il serait donc aussi fort que l'était Auguste[2], roi de Pologne ? » se dit Eugène quand la barre ronde fut à peu près façonnée. Le père Goriot regarda son ouvrage d'un air triste, des larmes sortirent de ses yeux, il souffla le rat-de-cave[3] à la lueur duquel il avait tordu ce vermeil, et Eugène l'entendit se coucher en poussant un soupir. « Il est fou », pensa l'étudiant.

Vocabulaire et nom propre

1. *Recéleur :* qui fait commerce des objets volés.

2. *Auguste :* Frédéric-Auguste Ier (1670-1733), roi de Pologne, était selon Voltaire (*Histoire de Charles XII*) d'une force herculéenne.

3. *Rat-de-cave :* bougeoir très stable, pouvant être suspendu à un clou, spécifiquement conçu pour être utilisé dans les caves ; bougie mince et longue, enroulée sur elle-même, de même usage.

« Pauvre enfant ! » dit à haute voix le père Goriot.

À cette parole, Rastignac jugea prudent de garder le silence sur cet événement, et de ne pas inconsidérément condamner son voisin. Il allait rentrer, quand il distingua soudain un bruit assez difficile à exprimer et qui devait être produit par des hommes en chaussons de lisière montant l'escalier. Eugène prêta l'oreille, et reconnut, en effet, le son alternatif de la respiration de deux hommes. Sans avoir entendu ni le cri de la porte ni les pas des hommes, il vit tout à coup une faible lueur au second étage, chez monsieur Vautrin. « Voilà bien des mystères dans une pension bourgeoise ! » se dit-il.

[Le lendemain, trompée par l'épais brouillard, la patronne n'est pas encore levée. Christophe, qui déjeune avec Sylvie, en profite pour révéler que Vautrin a cette nuit-là « encore » reçu deux personnes. Mieux vaudrait cependant le taire car Vautrin sait payer la discrétion. Justement, il semblerait que ce grand papa Vautrin intéresse des gens, car chacun des deux domestiques a été abordé par des curieux qui posent de drôles de questions : se teint-il les cheveux ? Sylvie le voit-elle passer sa chemise ?

L'arrivée de la patronne qui s'inquiète du retard met fin au bavardage, mais relance les interrogations sur ce « vieux chinois de Goriot ». Où donc est-il allé ce matin ? Vautrin, rentré à point nommé, l'éclaire : il a vu Goriot entrer chez un orfèvre, vendre un ustensile ménager en vermeil, et se rendre chez l'usurier Gobseck. Au même instant, l'ancien vermicellier invite justement Christophe à monter chez lui. Lorsque le domestique revient, chargé d'une lettre, Vautrin la lui arrache et l'ouvre : elle contient un billet acquitté[1].

Sylvie et sa patronne s'activent à la préparation du déjeuner. De retour de la messe où elle s'est rendue avec Victorine, Mme Couture se réchauffe auprès du poêle en confiant ses angoisses : ce jour est celui de leur visite

Vocabulaire

1. *Billet acquitté* : preuve que la dette contractée a été payée.

annuelle au père de Victorine. Vont-elles enfin être reçues et pouvoir lui remettre la dernière lettre de sa femme ? Vautrin railleur clame que les prières sont vaines mais qu'heureusement il va bientôt se mêler de leurs affaires. Dix heures sonnent et tous les pensionnaires sont à table lorsque Eugène de Rastignac arrive.]

« Ah bien, monsieur Eugène, dit Sylvie, aujourd'hui, vous allez déjeuner avec tout le monde. »

L'étudiant salua les pensionnaires, et s'assit auprès du père Goriot.

« Il vient de m'arriver une singulière aventure, dit-il en se servant abondamment du mouton et se coupant un morceau de pain que madame Vauquer mesurait toujours du coin de l'œil.

– Une aventure ! dit Poiret.

– Eh bien, pourquoi vous en étonneriez-vous, vieux chapeau ? dit Vautrin à Poiret. Monsieur est bien fait pour en avoir. »

Mademoiselle Taillefer coula timidement un regard sur le jeune étudiant.

« Dites-nous votre aventure, demanda madame Vauquer.

– Hier, j'étais au bal chez madame la vicomtesse de Beauséant, une cousine à moi, qui possède une maison magnifique, des appartements habillés de soie, enfin qui nous a donné une fête superbe, où je me suis amusé comme un roi...

– Telet, dit Vautrin en interrompant net.

– Monsieur, reprit vivement Eugène, que voulez-vous dire ?

– Je dis *telet*, parce que les roitelets s'amusent beaucoup plus que les rois.

– C'est vrai : j'aimerais mieux être ce petit oiseau sans souci que roi, parce que..., fit Poiret l'*idémiste*[1].

Vocabulaire
1. *Idémiste :* néologisme fabriqué sur le mot latin *idem* : celui qui répète les paroles des autres.

– Enfin, reprit l'étudiant en lui coupant la parole, je danse avec une des plus belles femmes du bal, une comtesse ravissante, la plus délicieuse créature que j'aie jamais vue. Elle était coiffée avec des fleurs de pêcher, elle avait au côté le plus beau bouquet de fleurs, des fleurs naturelles qui embaumaient ; mais, bah ! il faudrait que vous l'eussiez vue, il est impossible de peindre une femme animée par la danse. Eh bien, ce matin, j'ai rencontré cette divine comtesse, sur les neuf heures, à pied, rue des Grès. Oh le cœur m'a battu, je me figurais...

– Qu'elle venait ici, dit Vautrin en jetant un regard profond à l'étudiant. Elle allait sans doute chez le papa Gobseck, un usurier[1]. Si jamais vous fouillez des cœurs de femmes à Paris, vous y trouverez l'usurier avant l'amant. Votre comtesse se nomme Anastasie de Restaud, et demeure rue du Helder. »

À ce nom, l'étudiant regarda fixement Vautrin. Le père Goriot leva brusquement la tête, il jeta sur les deux interlocuteurs un regard lumineux et plein d'inquiétude qui surprit les pensionnaires.

« Christophe arrivera trop tard, elle y sera donc allée ! s'écria douloureusement Goriot.

– J'ai deviné », dit Vautrin en se penchant à l'oreille de madame Vauquer.

Goriot mangeait machinalement et sans savoir ce qu'il mangeait. Jamais il n'avait semblé plus stupide et plus absorbé qu'il ne l'était en ce moment.

« Qui diable, monsieur Vautrin, a pu vous dire son nom ?

– Ah ! ah ! voilà, répondit Vautrin. Le père Goriot le savait bien, lui ! pourquoi ne le saurais-je pas ?

– Monsieur Goriot ? s'écria l'étudiant.

– Quoi ! dit le pauvre vieillard. Elle était donc bien belle hier ?

Vocabulaire

1. *Usurier :* qui prête de l'argent à des taux excessifs.

– Qui ?

– Madame de Restaud.

– Voyez-vous le vieux grigou[1], dit madame Vauquer à Vautrin, comme ses yeux s'allument !

– Il l'entretiendrait donc ? dit à voix basse mademoiselle Michonneau à l'étudiant.

– Oh ! oui, elle était furieusement belle, reprit Eugène, que le père Goriot regardait avidement. Si madame de Beauséant n'avait pas été là, ma divine comtesse eût été la reine du bal ; les jeunes gens n'avaient d'yeux que pour elle, j'étais le douzième inscrit sur sa liste, elle dansait toutes les contredanses. Les autres femmes enrageaient. Si une créature a été heureuse hier, c'est bien elle. On a bien raison de dire qu'il n'y a rien de plus beau que frégate à la voile, cheval au galop et femme qui danse.

– Hier en haut de la roue, chez une duchesse, dit Vautrin ; ce matin en bas de l'échelle, chez un escompteur[2] : voilà les Parisiennes. Si leurs maris ne peuvent entretenir leur luxe effréné, elles se vendent. Si elles ne savent pas se vendre, elles éventreraient leurs mères pour y chercher de quoi briller. Enfin elles font les cent mille coups. Connu, connu ! »

Le visage du père Goriot, qui s'était allumé comme le soleil d'un beau jour sombre en entendant l'étudiant, devint sombre à cette cruelle observation de Vautrin.

[Mme Couture, Victorine et le père Goriot s'étant retirés, les langues se délient : Vautrin confirme l'opinion exprimée par Mme Vauquer : Goriot serait un de ces « hommes à passions », habités par une idée fixe dont les femmes exploitent la bêtise et la discrétion. On ironise sur l'invitation faite par Poiret à Mlle Michonneau de l'accompagner au Jardin des Plantes. Puis on se sépare. Intrigué, Eugène décide que dès le lendemain il se rendra chez Mme de Restaud pour percer le mystère.

Vocabulaire

1. *Grigou :* au sens propre, avide d'argent.

2. *Escompteur :* voir note 7, page 13.

Vers quatre heures, le père Goriot revient au moment où Mme Couture rend compte à Mme Vauquer de la visite au père Taillefer : resté sourd aux prières de Victorine, le monstre a brûlé la lettre de sa mère et accablé la jeune fille de son mépris.

Au dîner, Goriot, blessé par les insolences de Vautrin, oublie de manger pour contempler Victorine. La curiosité d'Eugène est à son comble. Le lendemain, vers trois heures de l'après-midi, il s'habille élégamment et part chez Mme de Restaud.]

Eugène marchait avec mille précautions pour ne se point crotter ; mais il marchait en pensant à ce qu'il dirait à madame de Restaud, il s'approvisionnait d'esprit, il inventait les réparties d'une conversation imaginaire, il préparait ses mots fins, ses phrases à la Talleyrand[1], en supposant de petites circonstances favorables à la déclaration sur laquelle il fondait son avenir : il se crotta, l'étudiant, et fut forcé de faire cirer ses bottes et brosser son pantalon au Palais-Royal[2]. « Si j'étais riche, se dit-il en changeant une pièce de cent sous qu'il avait prise *en cas de malheur*, je serais allé en voiture, j'aurais pu penser à mon aise. » Enfin il arriva rue du Helder et demanda la comtesse de Restaud. Avec la rage froide d'un homme sûr de triompher un jour, il reçut le coup d'œil méprisant des gens qui l'avaient vu traversant

Noms propres

1. *Talleyrand :* Charles-Maurice de Talleyrand-Périgord (1754-1838). Issu de la noblesse de robe, il traverse tous les régimes (de Louis XVI à la Restauration) en occupant des postes prestigieux : plusieurs fois ministre, ambassadeur, président du Conseil sous Charles X. À l'époque où Balzac écrit *Le Père Goriot*, il est ambassadeur extraordinaire à Londres.

2. *Palais-Royal :* construit par Richelieu en 1628, il porte d'abord le nom de Palais-Cardinal. Transmis à Anne d'Autriche, mère de Louis XIV, pendant les troubles de la Fronde, il prend le nom de Palais-Royal. En 1780, le futur Louis-Philippe fait encadrer le jardin de bâtiments et de galeries abritant des théâtres, des cafés, des restaurants et des salons de jeu. Pendant un demi-siècle, et jusqu'en 1836, date à laquelle Louis-Philippe exige la fermeture des maisons de jeu, ce lieu sera le rendez-vous à la mode d'une société parisienne élégante et libertine. *Voir carte sur le rabat.*

la cour à pied, sans avoir entendu le bruit d'une voiture à la porte. Ce coup d'œil lui fut d'autant plus sensible, qu'il avait déjà compris son infériorité en entrant dans cette cour, où piaffait un beau cheval richement attelé à l'un de ces cabriolets[1] pimpants qui affichent le luxe d'une existence dissipatrice, et sous-entendent l'habitude de toutes les félicités parisiennes. Il se mit, à lui tout seul, de mauvaise humeur. Les tiroirs ouverts de son cerveau et qu'il comptait trouver pleins d'esprit se fermèrent, il devint stupide.

[Eugène attend un long moment avant de s'entendre dire que la comtesse, très occupée, n'a pas répondu à la demande, mais qu'il peut attendre au salon où se trouve déjà quelqu'un. Vexé et voulant se donner des airs de connaître la maison, il se dirige d'autorité vers la pièce d'où le valet de chambre est sorti, et se retrouve étourdiment dans un boudoir privé donnant sur un corridor obscur. Mortifié[2], il revient sur ses pas, quand, du fond du corridor, lui parviennent le bruit d'une porte qui s'ouvre, le son de deux voix qu'il reconnaît comme étant celles de la comtesse et du père Goriot, puis le bruit d'un baiser. Ayant suivi le valet de chambre dans un premier salon, il s'arrête devant la fenêtre.]

Il voulait voir si ce père Goriot était bien réellement son père Goriot. Le cœur lui battait étrangement, il se souvenait des épouvantables réflexions de Vautrin. Le valet de chambre attendait Eugène à la porte du salon, mais il en sortit tout à coup un élégant jeune homme, qui dit impatiemment : « Je m'en vais, Maurice. Vous direz à madame la comtesse que je l'ai attendue plus d'une demi-heure. » Cet impertinent, qui sans doute avait le droit de l'être ; chantonna quelque roulade indienne en se dirigeant vers la fenêtre ou station-

Vocabulaire

1. *Cabriolet :* véhicule à cheval à deux roues, léger, ouvert, à deux places et pourvu d'une capote mobile.

2. *Mortifié :* vexé, humilié.

nait Eugène, autant pour voir la figure de l'étudiant que pour regarder dans la cour.

« Mais monsieur le comte ferait mieux d'attendre encore un instant ; madame a fini », dit Maurice en retournant à l'antichambre.

En ce moment, le père Goriot débouchait près de la porte cochère par la sortie du petit escalier. Le bonhomme tirait son parapluie et se disposait à le déployer, sans faire attention que la grande porte était ouverte pour donner passage à un jeune homme décoré qui conduisait un tilbury[1]. Le père Goriot n'eut que le temps de se jeter en arrière pour n'être pas écrasé. Le taffetas du parapluie avait effrayé le cheval, qui fit un léger écart en se précipitant vers le perron. Ce jeune homme détourna la tête d'un air de colère, regarda le père Goriot, et lui fit, avant qu'il sortît, un salut qui peignait la considération forcée que l'on accorde aux usuriers dont on a besoin, ou ce respect nécessaire exigé par un homme taré, mais dont on rougit plus tard. Le père Goriot répondit par un petit salut amical, plein de bonhomie. Ces événements se passèrent avec la rapidité de l'éclair. Trop attentif pour s'apercevoir qu'il n'était pas seul, Eugène entendit tout à coup la voix de la comtesse.

« Ah ! Maxime, vous vous en alliez ! » dit-elle avec un ton de reproche où se mêlait un peu de dépit.

La comtesse n'avait pas fait attention à l'entrée du tilbury. Rastignac se retourna brusquement et vit la comtesse coquettement vêtue d'un peignoir en cachemire blanc, à nœuds roses, coiffée négligemment comme le sont les femmes de Paris au matin ; elle embaumait, elle avait sans doute pris un bain, et sa beauté, pour ainsi dire assouplie, semblait plus voluptueuse ; ses yeux étaient humides. L'œil des jeunes gens sait tout voir : leurs esprits s'unissent

Vocabulaire

1. *Un tilbury :* type particulier de cabriolet mis au point en Angleterre en 1815 par James Tilbury.

aux rayonnements de la femme comme une plante aspire dans l'air des substances qui lui sont propres ; Eugène sentit donc la fraîcheur épanouie des mains de cette femme sans avoir besoin d'y toucher. [...] Quand Maxime prit cette main pour la baiser, Eugène aperçut alors Maxime, et la comtesse aperçut Eugène.

« Ah ! c'est vous, monsieur de Rastignac ! je suis bien aise de vous voir... », dit-elle d'un air auquel savent obéir les gens d'esprit.

D'ailleurs Maxime regardait alternativement Eugène et la comtesse d'une manière assez significative pour faire décamper l'intrus. « Ah çà ! ma chère, j'espère que tu vas me mettre ce petit drôle à la porte ! » Cette phrase était une traduction claire et intelligible des regards du jeune homme impertinemment fier que la comtesse Anastasie avait nommé Maxime, et dont elle consultait le visage avec cette intention soumise qui dit tous les secrets d'une femme sans qu'elle s'en doute. Rastignac se sentit d'une haine violente pour ce jeune homme. D'abord, les beaux cheveux blonds et bien frisés de Maxime lui apprirent combien les siens étaient horribles ; puis Maxime avait des bottes fines et propres, tandis que les siennes, malgré le soin qu'il avait pris en marchant, s'étaient empreintes d'une légère teinte de boue ; enfin, Maxime portait une redingote qui lui serrait élégamment la taille et le faisait ressembler à une jolie femme, tandis qu'Eugène avait à deux heures et demie[1] un habit noir ! Le spirituel enfant de la Charente sentit la supériorité que la mise donnait à ce dandy[2], mince et grand, à l'œil clair, au teint pâle, un de ces hommes capables de ruiner des orphelins. Sans attendre la réponse d'Eugène, madame de Restaud se sauva comme à tire-d'aile dans l'autre salon, en laissant flotter les pans de son peignoir qui se roulaient et se déroulaient de manière à lui donner l'apparence d'un papillon. Maxime la suivit. Eugène furieux suivit Maxime et la

Vocabulaire

1. *Eugène [...] habit noir !* : pour les élégants de l'époque, ce type de tenue ne se porte pas l'après-midi ; Rastignac se sent humilié par sa pauvreté.

2. *Dandy* : homme qui cultive le raffinement ; en référence au dandysme, mouvement venu d'Angleterre à la fin du XVIIIe siècle.

comtesse. Ces trois personnages se trouvèrent donc en présence, à la hauteur de la cheminée, au milieu du grand salon. L'étudiant savait bien qu'il allait gêner cet odieux Maxime ; mais, au risque de déplaire à madame de Restaud, il voulut gêner le dandy. [...]

Le jeune comte se jeta dans une bergère au coin du feu, prit les pincettes et fouilla le foyer par un mouvement si violent, si grimaud[1], que le beau visage d'Anastasie se chagrina soudain. La jeune femme se tourna vers Eugène, et lui lança un de ces regards froidement interrogatifs qui disent si bien : Pourquoi ne vous en allez-vous pas ? que les gens bien élevés savent aussitôt faire de ces phrases qu'il faudrait appeler des phrases de sortie.

Eugène prit un air agréable et dit « Madame, j'avais hâte de vous voir pour... »

Il s'arrêta tout court. Une porte s'ouvrit. Le monsieur qui conduisait le tilbury se montra soudain, sans chapeau, ne salua pas la comtesse, regarda soucieusement Eugène, et tendit la main à Maxime, en lui disant : « Bonjour » avec une expression fraternelle qui surprit singulièrement Eugène. Les jeunes gens de province ignorent combien est douce la vie à trois.

« Monsieur de Restaud », dit la comtesse à l'étudiant en lui montrant son mari.

Eugène s'inclina profondément.

« Monsieur, dit-elle en continuant et en présentant Eugène au comte de Restaud, est monsieur de Rastignac, parent de madame la vicomtesse de Beauséant par les Marcillac, et que j'ai eu le plaisir de rencontrer à son dernier bal. »

[Ces noms ont un effet magique : Maxime se fait moins insolent ; M. de Restaud cherche quels liens ont pu unir leurs ancêtres. Par deux fois, la comtesse tente de s'isoler avec Maxime mais le comte la rappelle

Vocabulaire
1. *Grimaud :* désagréable, boudeur.

et Eugène, résolu à percer l'énigme du père Goriot, prolonge l'entretien jusqu'à son retour.]

« Dites donc, lui cria le comte quand elle rentra, ma chère, la terre où demeure la famille de monsieur n'est pas loin de Verteuil, sur la Charente. Le grand-oncle de monsieur et mon grand-père se connaissaient.

– Enchantée d'être en pays de connaissance, dit la comtesse distraite.

– Plus que vous ne le croyez, dit à voix basse Eugène.

– Comment ? dit-elle vivement.

– Mais, reprit l'étudiant, je viens de voir sortir de chez vous un monsieur avec lequel je suis porte à porte dans la même pension, *le père Goriot.* »

À ce nom enjolivé du mot père, le comte, qui tisonnait, jeta les pincettes dans le feu, comme si elles lui eussent brûlé les mains, et se leva.

« Monsieur, vous auriez pu dire monsieur Goriot ! » s'écria-t-il.

La comtesse pâlit d'abord en voyant l'impatience de son mari, puis elle rougit, et fut évidemment embarrassée ; elle répondit d'une voix qu'elle voulut rendre naturelle, et d'un air faussement dégagé : « Il est impossible de connaître quelqu'un que nous aimions mieux... » Elle s'interrompit, regarda son piano, comme s'il se réveillait en elle quelque fantaisie, et dit : « Aimez-vous la musique, monsieur ?

– Beaucoup, répondit Eugène devenu rouge et bêtifié par l'idée confuse qu'il eut d'avoir commis quelque lourde sottise.

– Chantez-vous ? s'écria-t-elle en s'en allant à son piano dont elle attaqua vivement toutes les touches en les remuant depuis l'ut d'en bas jusqu'au fa d'en haut. Rrrrah !

– Non, madame. »

Le comte de Restaud se promenait de long en large.

« C'est dommage, vous êtes privé d'un grand moyen de succès.
– *Ca-a-ro, ca-a-ro, ca-a-a-a-ro, non du-bita-re* », chanta la comtesse.

En prononçant le nom du père Goriot, Eugène avait donné un coup de baguette magique, mais dont l'effet était inverse de celui qu'avaient frappé ces mots : parent de madame de Beauséant. Il se trouvait dans la situation d'un homme introduit par faveur chez un amateur de curiosités[1], et qui, touchant par mégarde une armoire pleine de figures sculptées, fait tomber trois ou quatre têtes mal collées. Il aurait voulu se jeter dans un gouffre. Le visage de madame de Restaud était sec, froid, et ses yeux devenus indifférents fuyaient ceux du malencontreux étudiant.

« Madame, dit-il, vous avez à causer avec monsieur de Restaud, veuillez agréer mes hommages, et me permettre...

– Toutes les fois que vous viendrez, dit précipitamment la comtesse en arrêtant Eugène par un geste, vous êtes sûr de nous faire, à monsieur de Restaud comme à moi, le plus vif plaisir. »

Eugène salua profondément le couple et sortit suivi de monsieur de Restaud, qui, malgré ses instances, l'accompagna jusque dans l'antichambre.

« Toutes les fois que monsieur se présentera, dit le comte à Maurice, ni madame ni moi nous n'y serons. »

[Rageur, Eugène doit en outre sacrifier ses dernières pièces pour éviter de gâter son habit sous la pluie. Une vulgaire voiture de louage le conduit à l'hôtel de Beauséant où l'accueillent les rires étouffés des valets. L'élégant coupé attelé de fringants chevaux, qui attend devant le perron, achève de le confondre. C'est celui du marquis d'Ajuda-Pinto, amant de Mme de Beauséant. Tout Paris, à l'exception de la vicomtesse, sait que le marquis est sur le point de la quitter pour épouser

Vocabulaire
1. *Amateur de curiosités :* collectionneur d'objets précieux.

Mlle de Rochefide, une riche héritière récemment anoblie. Seule Mme de Beauséant l'ignore encore. Le marquis, venu faire l'aveu de ce mariage, n'a pas trouvé le courage de parler. À l'arrivée d'Eugène, un léger tressaillement trahit sa joie d'être ainsi libéré. Blessée, la vicomtesse le retient, exige et obtient qu'il annule pour elle un dîner à l'ambassade d'Angleterre. Indifférente à la présence de son cousin, elle épie par la fenêtre le départ de son amant et surprend cet ordre donné au cocher : « Chez M. de Rochefide. » En proie à la plus violente émotion, la vicomtesse disparaît alors dans sa chambre pour griffonner un message qu'elle fait immédiatement porter : « Du moment [...] où vous dînez chez les Rochefide, et non à l'ambassade anglaise, vous me devez une explication, je vous attends. »]

Eugène commençait à se trouver très mal à l'aise, il aperçut enfin la vicomtesse qui lui dit d'un ton dont l'émotion lui remua les fibres du cœur : « Pardon, monsieur, j'avais un mot à écrire, je suis maintenant tout à vous. » Elle ne savait ce qu'elle disait, car voici ce qu'elle pensait : « Ah ! il veut épouser mademoiselle de Rochefide. Mais est-il donc libre ? Ce soir ce mariage sera brisé, ou je... je... Mais il n'en sera plus question demain. »

« Ma cousine... répondit Eugène.

– Hein ? » fit la vicomtesse en lui jetant un regard dont l'impertinence glaça l'étudiant.

Eugène comprit ce hein. Depuis trois heures il avait appris tant de choses, qu'il s'était mis sur le qui-vive.

« Madame », reprit-il en rougissant. Il hésita, puis il dit en continuant : « Pardonnez-moi ; j'ai besoin de tant de protection qu'un bout de parenté n'aurait rien gâté. »

Madame de Beauséant sourit, mais tristement : elle sentait déjà le malheur qui grondait dans son atmosphère.

« Si vous connaissiez la situation dans laquelle se trouve ma famille, dit-il en continuant, vous aimeriez à jouer le rôle d'une de ces fées fabuleuses qui se plaisaient à dissiper les obstacles autour de leurs filleuls.

– Eh bien ! mon cousin, dit-elle en riant, à quoi puis-je vous être bonne ?

– Mais le sais-je ? Vous appartenir par un lien de parenté qui se perd dans l'ombre est déjà toute une fortune. Vous m'avez troublé, je ne sais plus ce que je venais vous dire. Vous êtes la seule personne que je connaisse à Paris. Ah ! je voulais vous consulter en vous demandant de m'accepter comme un pauvre enfant qui désire se coudre à votre jupe, et qui saurait mourir pour vous.

– Vous tueriez quelqu'un pour moi ?

– J'en tuerais deux, dit Eugène.

– Enfant ! Oui, vous êtes un enfant, dit-elle en réprimant quelques larmes ; vous aimeriez sincèrement, vous !

– Oh ! » fit-il en hochant la tête.

La vicomtesse s'intéressa vivement à l'étudiant pour une réponse d'ambitieux. Le méridional en était à son premier calcul. Entre le boudoir bleu de madame de Restaud et le salon rose de madame de Beauséant, il avait fait trois années de ce *Droit parisien* dont on ne parle pas, quoiqu'il constitue une haute jurisprudence[1] sociale qui, bien apprise et bien pratiquée, mène à tout.

« Ah ! j'y suis, dit Eugène. J'avais remarqué madame de Restaud à votre bal, je suis allé ce matin chez elle.

– Vous avez dû bien la gêner, dit en souriant madame de Beauséant.

– Eh ! oui, je suis un ignorant qui mettra contre lui tout le monde, si vous me refusez votre secours. Je crois qu'il est fort difficile de rencontrer à Paris une femme jeune, belle, riche, élégante qui soit

Vocabulaire

1. *Jurisprudence :* décision de justice relative à un problème de droit qui sert de référence pour tous les cas semblables et finit par avoir force de loi.

inoccupée, et il m'en faut une qui m'apprenne ce que, vous autres femmes, vous savez si bien expliquer : la vie. Je trouverai partout un monsieur de Trailles. Je venais donc à vous pour vous demander le mot d'une énigme, et vous prier de me dire de quelle nature est la sottise que j'y ai faite. J'ai parlé d'un père...

– Madame la duchesse de Langeais, dit Jacques en coupant la parole à l'étudiant, qui fit le geste d'un homme violemment contrarié.

– Si vous voulez réussir, dit la vicomtesse à voix basse, d'abord ne soyez pas aussi démonstratif[1].

– Eh ! bonjour, ma chère, reprit-elle en se levant et allant au-devant de la duchesse dont elle pressa les mains avec l'effusion caressante qu'elle aurait pu montrer pour une sœur et à laquelle la duchesse répondit par les plus jolies câlineries.

– Voilà deux bonnes amies, se dit Rastignac. J'aurai dès lors deux protectrices ; ces deux femmes doivent avoir les mêmes affections, et celle-ci s'intéressera sans doute à moi.

– À quelle heureuse pensée dois-je le bonheur de te voir, ma chère Antoinette ? dit madame de Beauséant.

– Mais j'ai vu monsieur d'Ajuda-Pinto entrant chez monsieur de Rochefide, et j'ai pensé qu'alors vous étiez seule. »

Madame de Beauséant ne se pinça point les lèvres, elle ne rougit pas, son regard resta le même, son front parut s'éclaircir pendant que la duchesse prononçait ces fatales paroles.

« Si j'avais su que vous fussiez occupée... ajouta la duchesse en se tournant vers Eugène.

– Monsieur est monsieur Eugène de Rastignac, un de mes cousins, dit la vicomtesse. Avez-vous des nouvelles du général Montriveau ? fit-elle. Monsieur de Sérisy m'a dit hier qu'on ne le voyait plus. L'avez-vous eu chez vous aujourd'hui ? »

Vocabulaire

1. *Démonstratif :* qui laisse voir ses sentiments.

La duchesse, qui passait pour être abandonnée par monsieur de Montriveau, de qui elle était éperdument éprise, sentit au cœur la pointe de cette question, et rougit en répondant :

« Il était hier à l'Élysée.

– De service, dit madame de Beauséant.

– Clara, vous savez sans doute, reprit la duchesse en jetant des flots de malignité[1] par ses regards, que demain les bans[2] de monsieur d'Ajuda-Pinto et de mademoiselle de Rochefide se publient ? »

Ce coup était trop violent, la vicomtesse pâlit et répondit en riant : « Un de ces bruits dont s'amusent les sots. Pourquoi monsieur d'Ajuda porterait-il chez les Rochefide un des plus beaux noms du Portugal ? Les Rochefide sont des gens anoblis d'hier.

– Mais Berthe réunira, dit-on, deux cent mille livres de rente.

– Monsieur d'Ajuda est trop riche pour faire de ces calculs.

– Mais, ma chère, mademoiselle de Rochefide est charmante.

– Ah !

– Enfin il y dîne aujourd'hui, les conditions sont arrêtées. Vous m'étonnez étrangement d'être si peu instruite.

– Quelle sottise avez-vous donc faite, monsieur ? dit madame de Beauséant. Ce pauvre enfant est si nouvellement jeté dans le monde, qu'il ne comprend rien, ma chère Antoinette, à ce que nous disons. Soyez bonne pour lui, remettons à causer de cela demain. Demain, voyez-vous, tout sera sans doute officiel, et vous pourrez être officieuse[3] à coup sûr. »

La duchesse tourna sur Eugène un de ces regards impertinents qui enveloppent un homme des pieds à la tête, l'aplatissent, et le mettent à l'état de zéro.

Vocabulaire

1. *Malignité :* intention méchante.
2. *Les bans :* publication officielle d'un mariage.
3. *Officieuse :* serviable.

« Madame, j'ai, sans le savoir, plongé un poignard dans le cœur de madame de Restaud. Sans le savoir, voilà ma faute, dit l'étudiant que son génie avait assez bien servi et qui avait découvert les mordantes épigrammes[1] cachées sous les phrases affectueuses de ces deux femmes. Vous continuez à voir, et vous craignez peut-être les gens qui sont dans le secret du mal qu'ils vous font, tandis que celui qui blesse en ignorant la profondeur de sa blessure est regardé comme un sot, un maladroit qui ne sait profiter de rien, et chacun le méprise. »

Madame de Beauséant jeta sur l'étudiant un de ces regards fondants où les grandes âmes savent mettre tout à la fois de la reconnaissance et de la dignité. Ce regard fut comme un baume qui calma la plaie que venait de faire au cœur de l'étudiant le coup d'œil d'huissier-priseur[2] par lequel la duchesse l'avait évalué.

[Eugène commence à raconter sa visite chez Mme de Restaud.]

« Mais madame de Restaud est, je crois, l'écolière de monsieur de Trailles, dit la duchesse.

– Je n'en savais rien, madame, reprit l'étudiant. Aussi me suis-je étourdiment jeté entre eux. Enfin, je m'étais assez bien entendu avec le mari, je me voyais souffert pour un temps par la femme, lorsque je me suis avisé de leur dire que je connaissais un homme que je venais de voir sortant par un escalier dérobé, et qui avait au fond d'un couloir embrassé la comtesse.

– Qui est-ce ? dirent les deux femmes.

– Un vieillard qui vit à raison de deux louis par mois, au fond du faubourg Saint-Marceau, comme moi, pauvre étudiant ; un véritable

Vocabulaire

1. *Épigrammes :* allusions spirituelles destinées à blesser.

2. *Huissier-priseur :* celui qui évalue les objets pour une vente aux enchères.

malheureux dont tout le monde se moque, et que nous appelons *le père Goriot.*

– Mais, enfant que vous êtes, s'écria la vicomtesse, madame de Restaud est une demoiselle Goriot.

– La fille d'un vermicellier, reprit la duchesse, une petite femme qui s'est fait présenter le même jour qu'une fille de pâtissier. Ne vous en souvenez-vous pas, Clara ? Le roi s'est mis à rire et a dit en latin un bon mot sur la farine. Des gens, comment donc ? des gens...

– *Ejusdem farinæ*[1], dit Eugène.

– C'est cela, dit la duchesse.

– Ah ! c'est son père, reprit l'étudiant en faisant un geste d'horreur.

– Mais oui ; ce bonhomme avait deux filles dont il est quasi fou, quoique l'une et l'autre l'aient à peu près renié.

– La seconde n'est-elle pas, dit la vicomtesse en regardant madame de Langeais, mariée à un banquier dont le nom est allemand, un baron de Nucingen ? Ne se nomme-t-elle pas Delphine ? N'est-ce pas une blonde qui a une loge de côté à l'Opéra, qui vient aussi aux Bouffons[2], et rit très haut pour se faire remarquer ? »

La duchesse sourit en disant : « Mais, ma chère, je vous admire. Pourquoi vous occupez-vous donc tant de ces gens-là ? Il a fallu être amoureux fou, comme l'était Restaud, pour s'être enfariné[3] de mademoiselle Anastasie. Oh ! il n'en sera pas le bon marchand[4] ! Elle est entre les mains de monsieur de Trailles, qui la perdra.

Vocabulaire, traduction et nom propre

1. *Ejusdem farinæ :* « de la même farine », c'est-à-dire de la même espèce.
2. *Aux Bouffons :* au Théâtre-Italien. Le roi avait accordé à cette troupe le privilège de jouer les opéras italiens : *buffa* (comique) ou *seria* (dramatique). Une autre troupe d'opéra avait le privilège du répertoire français, ce qui explique la distinction faite par madame de Langeais.
3. *Enfariné :* entiché.
4. *Il n'en sera pas le bon marchand :* il n'en tirera aucun avantage.

– Elles ont renié leur père, répétait Eugène.

– Eh bien ! oui, leur père, le père, un père, reprit la vicomtesse, un bon père qui leur a donné, dit-on, à chacune cinq ou six cent mille francs pour faire leur bonheur en les mariant bien, et qui ne s'était réservé que huit à dix mille livres de rente pour lui, croyant que ses filles resteraient ses filles, qu'il s'était créé chez elles deux existences, deux maisons où il serait adoré, choyé. En deux ans, ses gendres l'ont banni de leur société comme le dernier des misérables… […]

– Eh ! mon Dieu, dit madame de Langeais, oui, cela semble bien horrible. […] Ce qui arrive à ce père peut arriver à la plus jolie femme avec l'homme qu'elle aimera le mieux : si elle l'ennuie de son amour, il s'en va, il fait des lâchetés pour la fuir. Tous les sentiments en sont là. Notre cœur est un trésor, videz-le d'un coup, vous êtes ruinés. Nous ne pardonnons pas plus à un sentiment de s'être montré tout entier qu'à un homme de ne pas avoir un sou à lui. Ce père avait tout donné. Il avait donné, pendant vingt ans, ses entrailles, son amour ; il avait donné sa fortune en un jour. Le citron bien pressé, ses filles ont laissé le zeste au coin des rues.

– Le monde est infâme[1], dit la vicomtesse en effilant son châle et sans lever les yeux, car elle était atteinte au vif par les mots que madame de Langeais avait dits, pour elle, en racontant cette histoire.

– Infâme ! non, reprit la duchesse ; il va son train, voilà tout. Si je vous en parle ainsi, c'est pour montrer que je ne suis pas la dupe du monde. Je pense comme vous, dit-elle en pressant la main de la vicomtesse. Le monde est un bourbier[2], tâchons de rester sur les hauteurs. » Elle se leva, embrassa madame de Beauséant au front en lui disant : « Vous êtes bien belle en ce moment, ma chère. Vous avez les plus jolies couleurs que j'aie jamais vues. » Puis elle sortit après avoir légèrement incliné la tête en regardant le cousin.

Vocabulaire

1. *Infâme :* ignoble.

2. *Bourbier :* endroit rempli de boue.

« Le père Goriot est sublime[1] ! » dit Eugène en se souvenant de l'avoir vu tordant son vermeil la nuit.

Madame de Beauséant n'entendit pas, elle était pensive. Quelques moments de silence s'écoulèrent, et le pauvre étudiant, par une sorte de stupeur honteuse, n'osait ni s'en aller, ni rester, ni parler.

« Le monde est infâme et méchant, dit enfin la vicomtesse. Aussitôt qu'un malheur nous arrive, il se rencontre toujours un ami prêt à venir nous le dire, et à nous fouiller le cœur avec un poignard en nous en faisant admirer le manche. Déjà le sarcasme[2], déjà les railleries ! Ah ! je me défendrai. » Elle releva la tête comme une grande dame qu'elle était, et des éclairs sortirent de ses yeux fiers. « Ah ! fit-elle en voyant Eugène, vous êtes là !

– Encore, dit-il piteusement.

– Eh bien ! monsieur de Rastignac, traitez ce monde comme il mérite de l'être. Vous voulez parvenir, je vous aiderai. Vous sonderez combien est profonde la corruption féminine, vous toiserez[3] la largeur de la misérable vanité des hommes. Quoique j'aie bien lu dans ce livre du monde, il y avait des pages qui cependant m'étaient inconnues. Maintenant je sais tout. Plus froidement vous calculerez, plus avant vous irez. Frappez sans pitié, vous serez craint. N'acceptez les hommes et les femmes que comme les chevaux de poste que vous laisserez crever à chaque relais, vous arriverez ainsi au faîte de vos désirs. Voyez-vous, vous ne serez rien ici si vous n'avez pas une femme qui s'intéresse à vous. Il vous la faut jeune, riche, élégante. Mais si vous avez un sentiment vrai, cachez-le comme un trésor ; ne le laissez jamais soupçonner, vous seriez perdu. Vous ne seriez plus le bourreau, vous deviendriez la victime. Si jamais vous aimiez, gardez

Vocabulaire

1. *Sublime :* d'une valeur morale exceptionnelle.
2. *Sarcasme :* raillerie méchante.
3. *Toiserez :* mesurerez (comme avec une toise). Toise : ancienne mesure de longueur d'environ 2 mètres. À l'origine, elle correspondait à l'envergure des deux bras ouverts.

bien votre secret ! ne le livrez pas avant d'avoir bien su à qui vous ouvrirez votre cœur. Pour préserver par avance cet amour qui n'existe pas encore, apprenez à vous méfier de ce monde-ci. Écoutez-moi, Miguel... (Elle se trompait naïvement de nom sans s'en apercevoir.) Il existe quelque chose de plus épouvantable que ne l'est l'abandon du père par ses deux filles, qui le voudraient mort. C'est la rivalité des deux sœurs entre elles. Restaud a de la naissance, sa femme a été adoptée[1], elle a été présentée ; mais sa sœur, sa riche sœur, la belle madame Delphine de Nucingen, femme d'un homme d'argent, meurt de chagrin ; la jalousie la dévore, elle est à cent lieues de sa sœur ; sa sœur n'est plus sa sœur ; ces deux femmes se renient entre elles comme elles renient leur père. Aussi, madame de Nucingen laperait-elle toute la boue qu'il y a entre la rue Saint-Lazare[2] et la rue de Grenelle[3] pour entrer dans mon salon. Elle a cru que de Marsay la ferait arriver à son but, et elle s'est faite l'esclave de Marsay, elle assomme de Marsay. De Marsay se soucie fort peu d'elle. Si vous me la présentez, vous serez son Benjamin[4], elle vous adorera ! Aimez-la si vous pouvez après, sinon servez-vous d'elle ! Je la verrai une ou deux fois, en grande soirée, quand il y aura cohue ; mais je ne la recevrai jamais le matin. Je la saluerai, cela suffira. Vous vous êtes fermé la porte de la comtesse pour avoir prononcé le nom du père Goriot. Oui, mon cher, vous iriez vingt fois chez madame de Restaud, vingt fois vous la trouveriez absente. Vous avez été consigné[5]. Eh bien ! que le père Goriot vous introduise près de madame Delphine de Nucingen. La belle madame de Nucingen sera pour vous une enseigne. Soyez l'homme qu'elle distingue, les femmes raffoleront

Vocabulaire et noms propres

1. *Adoptée :* admise dans le milieu aristocratique.
2. *Rue Saint-Lazare :* le quartier des banquiers. *Voir carte sur le rabat.*
3. *Rue de Grenelle :* le quartier de l'aristocratie. *Voir carte sur le rabat.*
4. *Benjamin :* fils préféré de Jacob dans la Bible.
5. *Consigné :* interdit.

de vous. Ses rivales, ses amies, ses meilleures amies voudront vous enlever à elle. Il y a des femmes qui aiment l'homme déjà choisi par une autre, comme il y a de pauvres bourgeoises qui, en prenant nos chapeaux, espèrent avoir nos manières. Vous aurez des succès. À Paris, le succès est tout, c'est la clef du pouvoir. Si les femmes vous trouvent de l'esprit, du talent, les hommes le croiront, si vous ne les détrompez pas. Vous pourrez alors tout vouloir, vous aurez le pied partout. Vous saurez alors ce qu'est le monde, une réunion de dupes et de fripons. Ne soyez ni parmi les uns ni parmi les autres. Je vous donne mon nom comme un fil d'Ariane pour entrer dans ce labyrinthe. Ne le compromettez pas[1], dit-elle en recourbant son cou et jetant un regard de reine à l'étudiant, rendez-le-moi blanc. Allez, laissez-moi. Nous autres femmes, nous avons aussi nos batailles à livrer.

– S'il vous fallait un homme de bonne volonté pour aller mettre le feu à une mine ? dit Eugène en l'interrompant.

– Eh bien ? » dit-elle.

Il se frappa le cœur, sourit au sourire de sa cousine, et sortit. Il était cinq heures.

[Furieux de s'être fermé la porte de la comtesse de Restaud, assoiffé de revanche, tourmenté par la faim, Eugène de Rastignac regagne la Maison Vauquer. Là, devant le spectacle de cette misère matérielle et humaine, prenant conscience de l'abîme qui le sépare de la société brillante à laquelle il aspire, il prend une ferme résolution : « Ouvrir deux tranchées parallèles pour arriver à la fortune, […] s'appuyer sur la science et sur l'amour, […] être un savant docteur et un homme à la mode. »]

Vocabulaire

1. *Ne le compromettez pas :* ne le déshonorez pas.

« Vous êtes bien sombre, monsieur le marquis, lui dit Vautrin, qui lui jeta un de ces regards par lesquels cet homme semblait s'initier aux secrets les plus cachés du cœur.

– Je ne suis pas disposé à souffrir les plaisanteries de ceux qui m'appellent monsieur le marquis, répondit-il. Ici, pour être vraiment marquis, il faut avoir cent mille livres de rente, et quand on vit dans la Maison Vauquer on n'est pas précisément le favori de la Fortune. »

Vautrin regarda Rastignac d'un air paternel et méprisant, comme s'il eût dit : « Marmot ! dont je ne ferais qu'une bouchée ! » Puis il répondit : « Vous êtes de mauvaise humeur, parce que vous n'avez peut-être pas réussi auprès de la belle comtesse de Restaud.

– Elle m'a fermé sa porte pour lui avoir dit que son père mangeait à notre table », s'écria Rastignac.

Tous les convives s'entre-regardèrent. Le père Goriot baissa les yeux, et se retourna pour les essuyer.

« Vous m'avez jeté du tabac dans l'œil, dit-il à son voisin.

– Qui vexera le père Goriot s'attaquera désormais à moi, répondit Eugène en regardant le voisin de l'ancien vermicellier ; il vaut mieux que nous tous. Je ne parle pas des dames », dit-il en se retournant vers mademoiselle Taillefer.

Cette phrase fut un dénouement, Eugène l'avait prononcée d'un air qui imposa silence aux convives. Vautrin seul lui dit en goguenardant :

« Pour prendre le père Goriot à votre compte, et vous établir son éditeur responsable, il faut savoir bien tenir une épée et bien tirer le pistolet.

– Ainsi ferai-je, dit Eugène.

– Vous êtes donc entré en campagne aujourd'hui ?

– Peut-être, répondit Rastignac. Mais je ne dois compte de mes affaires à personne, attendu que je ne cherche pas à deviner celles que les autres font la nuit. Vautrin regarda Rastignac de travers.

– Mon petit, quand on ne veut pas être dupe des marionnettes, il faut entrer tout à fait dans la baraque[1], et ne pas se contenter de regarder par les trous de la tapisserie. Assez causé, ajouta-t-il en voyant Eugène près de se gendarmer[2]. Nous aurons ensemble un petit bout de conversation quand vous le voudrez. »

Le dîner devint sombre et froid. Le père Goriot, absorbé par la profonde douleur que lui avait causée la phrase de l'étudiant, ne comprit pas que les dispositions des esprits étaient changées à son égard, et qu'un jeune homme en état d'imposer silence à la persécution avait pris sa défense.

[Rastignac monte chez lui plus résolu encore à réussir. Étouffant ses scrupules de jeune homme, il adresse à sa mère et à chacune de ses sœurs une lettre par laquelle il leur demande de consentir aux plus grands sacrifices, de lui procurer en cachette de son père douze cents francs qui lui permettront de faire dans le monde figure honorable. Sans cet argent il meurt ! Avec lui il s'engage à réaliser tous les espoirs qu'on a placés en lui et à faire la fortune de sa famille.]

Vocabulaire

1. *La baraque :* cadre de bois derrière lequel les marionnettistes dissimulent leurs manipulations. *Entrer tout à fait dans la baraque :* accepter de rejoindre ceux qui manipulent les autres.

2. *Se gendarmer* : se fâcher.

L'entrée dans le monde

[La lettre d'Eugène a éveillé des craintes chez sa mère qui l'avertit des dangers qu'il y aurait à fréquenter un monde au-dessus de sa condition. Résolue néanmoins à se fier à sa probité, elle lui annonce l'envoi des douze cents francs demandés. Taisant pudiquement ses propres sacrifices, elle insiste sur ceux auxquels Mme de Marcillac, tante d'Eugène, a consenti pour l'aider à réunir cette somme. Une seconde lettre annonce à Eugène qu'en joignant leurs économies, ses deux sœurs vont en cachette lui faire parvenir trois cents cinquante francs. L'arrivée des sacs, délivrés par un facteur des Messageries royales, en présence des autres pensionnaires, attise les convoitises et suscite ce commentaire sarcastique de Vautrin : « Vous avez de quoi payer des leçons d'armes et des séances de tir. » Puis, voyant Eugène à court de monnaie, il jette royalement vingt sous au facteur, contraignant le jeune homme à le remercier.]

Rastignac ne pouvait donc pas demeurer longtemps sous le feu des batteries de Vautrin sans savoir si cet homme était son ami ou son ennemi. De moment en moment, il lui semblait que ce singulier personnage pénétrait ses passions et lisait dans son cœur, tandis que chez lui tout était si bien clos qu'il semblait avoir la profondeur immobile d'un sphinx qui sait, voit tout, et ne dit rien. En se sentant le gousset[1] plein, Eugène se mutina[2].

« Faites-moi le plaisir d'attendre, dit-il à Vautrin qui se levait pour sortir après avoir savouré les dernières gorgées de son café.

– Pourquoi ? répondit le quadragénaire en mettant son chapeau à larges bords et prenant une canne en fer avec laquelle il faisait souvent des moulinets en homme qui n'aurait pas craint d'être assailli par quatre voleurs.

Vocabulaire

1. *Le gousset :* petite poche destinée à loger de l'argent ou une montre.

2. *Se mutina :* se révolta.

– Je vais vous rendre, reprit Rastignac qui défit promptement un sac et compta cent quarante francs à madame Vauquer. Les bons comptes font les bons amis, dit-il à la veuve. Nous sommes quittes jusqu'à la Saint-Sylvestre. Changez-moi ces cent sous.

– Les bons amis font les bons comptes, répéta Poiret en regardant Vautrin.

– Voici vingt sous, dit Rastignac en tendant une pièce au sphinx en perruque.

– On dirait que vous avez peur de me devoir quelque chose ? s'écria Vautrin en plongeant un regard divinateur dans l'âme du jeune homme auquel il jeta un de ces sourires goguenards[1] et diogéniques[2] desquels Eugène avait été sur le point de se fâcher cent fois.

– Mais... oui », répondit l'étudiant qui tenait ses deux sacs à la main et s'était levé pour monter chez lui.

Vautrin sortait par la porte qui donnait dans le salon et l'étudiant se disposait à s'en aller par celle qui menait sur le carré de l'escalier.

« Savez-vous, monsieur le marquis de Rastignacorama, que ce que vous me dites n'est pas exactement poli », dit alors Vautrin en fouettant la porte du salon et venant à l'étudiant qui le regarda froidement.

Rastignac ferma la porte de la salle à manger, en emmenant avec lui Vautrin au bas de l'escalier, dans le carré qui séparait la salle à manger de la cuisine, où se trouvait une porte pleine donnant sur le jardin, et surmontée d'un long carreau garni de barreaux en fer. Là, l'étudiant dit devant Sylvie qui déboucha de sa cuisine :

« *Monsieur* Vautrin, je ne suis pas marquis, et je ne m'appelle pas Rastignacorama.

Vocabulaire

1. *Goguenards :* moqueurs.

2. *Diogénique :* adjectif formé à partir de Diogène, nom d'un philosophe grec du IVe siècle avant J.-C. Cynique, d'une insolence assumée.

– Ils vont se battre, dit mademoiselle Michonneau d'un air indifférent.

– Se battre ! répéta Poiret.

– Que non, répondit madame Vauquer en caressant sa pile d'écus.

– Mais les voilà qui vont sous les tilleuls, cria mademoiselle Victorine en se levant pour regarder dans le jardin. Ce pauvre jeune homme a pourtant raison.

– Remontons, ma chère petite, dit madame Couture, ces affaires-là ne nous regardent pas. »

Quand madame Couture et Victorine se levèrent, elles rencontrèrent, à la porte, la grosse Sylvie qui leur barra le passage.

« Quoi qui n'y a donc ? dit-elle. Monsieur Vautrin a dit à monsieur Eugène : "Expliquons-nous !" Puis il l'a pris par le bras, et les voilà qui marchent dans nos artichauts. »

En ce moment Vautrin parut. « Maman Vauquer, dit-il en souriant, ne vous effrayez de rien, je vais essayer mes pistolets sous les tilleuls.

– Oh ! monsieur, dit Victorine en joignant les mains, pourquoi voulez-vous tuer monsieur Eugène ? »

Vautrin fit deux pas en arrière et contempla Victorine. « Autre histoire, s'écria-t-il d'une voix railleuse qui fit rougir la pauvre fille. Il est bien gentil, n'est-ce pas, ce jeune homme-là ? reprit-il. Vous me donnez une idée. Je ferai votre bonheur à tous deux, ma belle enfant. »

Madame Couture avait pris sa pupille par le bras et l'avait entraînée en lui disant à l'oreille : « Mais, Victorine, vous êtes inconcevable ce matin.

– Je ne veux pas qu'on tire des coups de pistolet chez moi, dit madame Vauquer. N'allez-vous pas effrayer tout le voisinage et amener la police, à c't'heure !

– Allons, du calme, maman Vauquer, répondit Vautrin. Là, là, tout beau, nous irons au tir. Il rejoignit Rastignac, qu'il prit familièrement par le bras :

– Quand je vous aurais prouvé qu'à trente-cinq pas je mets cinq fois de suite ma balle dans un as de pique, lui dit-il, cela ne vous ôterait pas votre courage. Vous m'avez l'air d'être un peu rageur, et vous vous feriez tuer comme un imbécile.

– Vous reculez, dit Eugène.

– Ne m'échauffez pas la bile, répondit Vautrin. Il ne fait pas froid ce matin, venez nous asseoir là-bas, dit-il en montrant les sièges peints en vert. Là, personne ne nous entendra. J'ai à causer avec vous. Vous êtes un bon petit jeune homme auquel je ne veux pas de mal. Je vous aime, foi de Tromp... (mille tonnerres !), foi de Vautrin. Pourquoi vous aimé-je, je vous le dirai. En attendant, je vous connais comme si je vous avais fait, et vais vous le prouver. Mettez vos sacs là », reprit-il en lui montrant la table ronde.

Rastignac posa son argent sur la table et s'assit en proie à une curiosité que développa chez lui au plus haut degré le changement soudain opéré dans les manières de cet homme, qui, après avoir parlé de le tuer, se posait comme son protecteur.

« Vous voudriez bien savoir qui je suis, ce que j'ai fait, ou ce que je fais, reprit Vautrin. Vous êtes trop curieux, mon petit. Allons, du calme. Vous allez en entendre bien d'autres ! J'ai eu des malheurs. Écoutez-moi d'abord, vous me répondrez après. Voilà ma vie antérieure en trois mots. Qui suis-je ? Vautrin. Que fais-je ? Ce qui me plaît. Passons. Voulez-vous connaître mon caractère ? Je suis bon avec ceux qui me font du bien ou dont le cœur parle au mien. À ceux-là tout est permis, ils peuvent me donner des coups de pied dans les os des jambes sans que je leur dise : *Prends garde !* Mais, nom d'une pipe ! je suis méchant comme le diable avec ceux qui me tracassent, ou qui ne me reviennent pas. Et il est bon de vous apprendre que je me soucie de tuer un homme comme de ça ! dit-il en lançant un jet de salive. Seulement je m'efforce de le tuer proprement, quand il le faut absolument. Je suis ce que vous appelez un artiste. [...] J'ai bien réfléchi à la constitution actuelle de votre désordre social. Mon petit, le duel est un jeu d'enfant, une sottise. Quand de deux hommes vivants l'un doit disparaître, il faut être imbécile pour s'en remettre au hasard. [...] Je vais vous éclairer, moi, la position dans laquelle vous êtes ; mais je vais le faire avec la supériorité d'un homme qui, après avoir examiné les choses d'ici-bas, a vu qu'il n'y avait que deux partis à prendre : ou une stupide obéissance ou la révolte. Je n'obéis à rien, est-ce clair ? Savez-vous ce qu'il vous faut, à vous, au train dont vous allez ? un million, et promptement ; sans quoi, avec notre petite tête, nous pourrions aller flâner dans les filets de Saint-Cloud[1], pour voir s'il y a un Être suprême. Ce million, je vais vous le donner. » Il fit une pause en regardant Eugène. « Ah ! ah ! vous faites meilleure mine à votre petit papa Vautrin. En entendant ce mot-là, vous êtes comme une jeune fille à qui l'on dit : “À ce soir”, et qui se toilette en se pourléchant comme un chat qui boit du lait. À la bonne heure. Allons donc ! À nous deux ! Voici votre compte, jeune homme. Nous avons, là-bas, papa, maman, grand-tante, deux sœurs (dix-huit et dix-sept ans), deux petits frères (quinze et dix ans), voilà le contrôle de l'équipage. La tante élève vos sœurs. Le curé vient apprendre le latin aux deux frères. La famille mange plus de bouillie de marrons que de pain blanc, le papa ménage ses culottes, maman se donne à peine une robe d'hiver et une robe d'été, nos sœurs font comme elles peuvent. Je sais tout, j'ai été dans le Midi. Les choses sont comme cela chez vous, si l'on vous envoie douze cents francs par an, et que votre terrine[2] ne rapporte que trois mille francs. Nous avons une cuisinière et un domestique, il faut garder le décorum, papa est baron. Quant à nous, nous avons de l'ambition, nous avons les Beauséant pour alliés et nous allons à pied, nous voulons la

Vocabulaire

1. *Aller flâner [...] Saint-Cloud :* se jeter dans la Seine et rejoindre les noyés dont les corps étaient arrêtés par des filets à hauteur de Saint-Cloud.

2. *Votre terrine :* expression argotique imagée qui signifie ici « votre revenu » (le mot terrine évoque ce qui permet de manger).

fortune et nous n'avons pas le sou, nous mangeons les *ratatouilles* de maman Vauquer et nous aimons les beaux dîners du faubourg Saint-Germain, nous couchons sur un grabat et nous voulons un hôtel ! Je ne blâme pas vos vouloirs. Avoir de l'ambition, mon petit cœur, ce n'est pas donné à tout le monde.

Demandez aux femmes quels hommes elles recherchent ? les ambitieux. Les ambitieux ont les reins plus forts, le sang plus riche en fer, le cœur plus chaud que ceux des autres hommes. Et la femme se trouve si heureuse et si belle aux heures où elle est forte, qu'elle préfère à tous les hommes celui dont la force est énorme, fût-elle en danger d'être brisée par lui. Je fais l'inventaire de vos désirs afin de vous poser la question. Cette question, la voici. Nous avons une faim de loup, nos quenottes[1] sont incisives, comment nous y prendrons-nous pour approvisionner la marmite ?

[Avec cynisme, Vautrin évoque l'avenir médiocre qui attend Rastignac au terme d'études longues et austères, de privations insoutenables, et lui démontre que la réussite sociale est incompatible avec l'honnêteté.]

Voilà le carrefour de la vie, jeune homme, choisissez. Vous avez déjà choisi : vous êtes allé chez notre cousin de Beauséant, et vous y avez flairé le luxe. Vous êtes allé chez madame de Restaud, la fille du père Goriot, et vous y avez flairé la Parisienne. Ce jour-là vous êtes revenu avec un mot sur votre front, et que j'ai bien su lire : *Parvenir !* parvenir à tout prix ! Bravo ! ai-je dit, voilà un gaillard qui me va. Il vous a fallu de l'argent. Où en prendre ? Vous avez saigné vos sœurs ! Tous les frères *flouent*[2] plus ou moins leurs sœurs. Vos quinze cents francs arrachés, Dieu sait comme ! dans un pays où l'on trouve plus de châtaignes que de pièces de cent sous, vont filer comme des soldats à la maraude. Après, que ferez-vous ? vous travaillerez ? Le travail, compris comme vous le comprenez en ce moment, donne,

Vocabulaire

1. *Quenottes :* terme familier, petites dents des enfants.

2. *Flouent :* tromper, en langage familier.

dans les vieux jours, un appartement chez maman Vauquer à des gars de la force de Poiret. Une rapide fortune est le problème que se proposent de résoudre en ce moment cinquante mille jeunes gens qui se trouvent tous dans votre position. Vous êtes une unité de ce nombre-là. Jugez des efforts que vous avez à faire et de l'acharnement du combat. Il faut vous manger les uns les autres comme des araignées dans un pot, attendu qu'il n'y a pas cinquante mille bonnes places. Savez-vous comment on fait son chemin ici ? par l'éclat du génie ou par l'adresse de la corruption. Il faut entrer dans cette masse d'hommes comme un boulet de canon, ou s'y glisser comme une peste. L'honnêteté ne sert à rien. L'on plie sous le pouvoir du génie, on le hait, on tâche de le calomnier, parce qu'il prend sans partager ; mais on plie s'il persiste ; en un mot, on l'adore à genoux quand on n'a pas pu l'enterrer sous la boue. La corruption est en force, le talent est rare. Ainsi, la corruption est l'arme de la médiocrité qui abonde, et vous en sentirez partout la pointe. Vous verrez des femmes dont les maris ont six mille francs d'appointements pour tout potage, et qui dépensent plus de dix mille francs à leur toilette. Vous verrez des employés à douze cents francs acheter des terres. Vous verrez des femmes se prostituer pour aller dans la voiture du fils d'un pair de France[1], qui peut courir à Longchamp[2] sur la chaussée du milieu. Vous avez vu le pauvre bêta de père Goriot obligé de payer la lettre de change[3] endossée[4] par sa fille, dont le mari a cinquante mille livres de rente. Je vous défie de faire deux pas dans Paris sans rencontrer des manigances[5] infernales. »

Vocabulaire et nom propre

1. *Un pair de France :* titre prestigieux porté par les membres de la Chambre des pairs, une des deux assemblées parlementaires sous la Restauration.

2. *Longchamp :* lieu de promenade fréquenté par la société élégante de l'époque.

3. *Lettre de change :* document destiné à faciliter les prêts entre personnes privées. Il permet au porteur de se faire remettre la somme inscrite et permet au créancier d'en réclamer le remboursement à la date d'échéance auprès de celui qui l'a endossée.

4. *Endossée :* signée de son nom, reconnue, acceptée.

5. *Manigances :* manœuvres cachées.

[Vautrin expose alors son plan : un bon moyen de parvenir à la fortune serait d'épouser une jeune fille pauvre, assoiffée d'amour, et promise sans le savoir à la fortune. Devenue riche, comment refuserait-elle ses millions à celui qui l'aurait prise sans argent ? Or cette jeune fille, elle est là, devant leurs yeux, en la personne de Victorine Taillefer. Qu'Eugène l'épouse et Vautrin se charge du reste : un duel arrangé, le fils Taillefer tué, et un père forcé de reconnaître Victorine pour assurer son héritage ! Devant l'air horrifié d'Eugène, Vautrin laisse entendre que ce qu'il s'apprête à faire en séduisant une femme et une mère n'est pas plus glorieux. Resté seul, Eugène s'interroge sur les mystères de cet homme qui connaît tout de sa famille et de ses intentions les plus secrètes.

Ayant reçu la visite de son tailleur, Eugène savoure l'élégance de sa tenue lorsque le père Goriot entre chez lui pour l'avertir que Delphine se rendra le lundi suivant à un bal chez la maréchale de Carigliano. Eugène se rend immédiatement chez sa cousine pour lui demander de l'introduire auprès de la maréchale.]

Quand il entra, madame de Beauséant fit un geste sec, et lui dit d'une voix brève : « Monsieur de Rastignac, il m'est impossible de vous voir, en ce moment du moins ! je suis en affaire... »

Pour un observateur, et Rastignac l'était devenu promptement, cette phrase, le geste, le regard, l'inflexion de voix, étaient l'histoire du caractère et des habitudes de la caste. Il aperçut la main de fer sous le gant de velours ; la personnalité, l'égoïsme, sous les manières ; le bois, sous le vernis. Il entendit enfin le MOI LE ROI qui commence sous les panaches du trône et finit sous le cimier[1] du dernier gentilhomme. Eugène s'était trop facilement abandonné sur sa parole à croire aux noblesses de la femme. Comme tous les malheureux, il avait signé de bonne foi le pacte délicieux qui doit lier le bienfaiteur à l'obligé, et dont le premier article consacre entre les grands

Vocabulaire
1. *Cimier :* ornement au sommet d'un casque.

cœurs une complète égalité. La bienfaisance, qui réunit deux êtres en un seul, est une passion céleste aussi incomprise, aussi rare que l'est le véritable amour. L'un et l'autre est la prodigalité[1] des belles âmes. Rastignac voulait arriver au bal de la duchesse de Carigliano, il dévora cette bourrasque[2].

« Madame, dit-il d'une voix émue, s'il ne s'agissait pas d'une chose importante, je ne serais pas venu vous importuner ; soyez assez gracieuse pour me permettre de vous voir plus tard, j'attendrai.

– Eh bien ! venez dîner avec moi », dit-elle un peu confuse de la dureté qu'elle avait mise dans ses paroles ; car cette femme était vraiment aussi bonne que grande.

Quoique touché de ce retour soudain, Eugène se dit en s'en allant : « Rampe, supporte tout. Que doivent être les autres, si, dans un moment, la meilleure des femmes efface les promesses de son amitié, te laisse là comme un vieux soulier ? Chacun pour soi, donc ? Il est vrai que sa maison n'est pas une boutique, et que j'ai tort d'avoir besoin d'elle. Il faut, comme dit Vautrin, se faire boulet de canon. » Les amères réflexions de l'étudiant furent bientôt dissipées par le plaisir qu'il se promettait en dînant chez la vicomtesse. Ainsi, par une sorte de fatalité, les moindres événements de sa vie conspiraient à le pousser dans la carrière où, suivant les observations du terrible sphinx de la Maison Vauquer, il devait, comme sur un champ de bataille, tuer pour ne pas être tué, tromper pour ne pas être trompé ; où il devait déposer à la barrière sa conscience, son cœur, mettre un masque, se jouer sans pitié des hommes, et, comme à Lacédémone[3], saisir sa fortune sans être vu, pour mériter la couronne. Quand il revint chez la vicomtesse, il la trouva pleine de cette bonté gracieuse qu'elle lui avait toujours témoignée. Tous deux allèrent dans une

Vocabulaire et nom propre

1. *Prodigalité :* disposition à dépenser facilement l'argent.

2. *Bourrasque :* coup de vent violent.

3. *Lacédémone :* autre nom de Sparte, cité grecque connue pour l'éducation guerrière donnée aux enfants qui devaient en particulier apprendre à voler leur subsistance.

salle à manger où le vicomte attendait sa femme, et où resplendissait ce luxe de table qui sous la Restauration fut poussé, comme chacun le sait, au plus haut degré. Monsieur de Beauséant, semblable à beaucoup de gens blasés[1], n'avait plus guère d'autres plaisirs que ceux de la bonne chère[2] ; il était en fait de gourmandise de l'école de Louis XVIII et du duc d'Escars[3]. Sa table offrait donc un double luxe, celui du contenant et celui du contenu. Jamais semblable spectacle n'avait frappé les yeux d'Eugène, qui dînait pour la première fois dans une de ces maisons où les grandeurs sociales sont héréditaires. La mode venait de supprimer les soupers qui terminaient autrefois les bals de l'Empire, où les militaires avaient besoin de prendre des forces pour se préparer à tous les combats qui les attendaient au-dedans comme au-dehors. Eugène n'avait encore assisté qu'à des bals. L'aplomb qui le distingua plus tard si éminemment, et qu'il commençait à prendre, l'empêcha de s'ébahir niaisement. Mais en voyant cette argenterie sculptée, et les mille recherches d'une table somptueuse, en admirant pour la première fois un service fait sans bruit, il était difficile à un homme d'ardente imagination de ne pas préférer cette vie constamment élégante à la vie de privations qu'il voulait embrasser le matin. Sa pensée le rejeta pendant un moment dans sa pension bourgeoise ; il en eut une si profonde horreur qu'il se jura de la quitter au mois de janvier, autant pour se mettre dans une maison propre que pour fuir Vautrin, dont il sentait la large main sur son épaule.

[Le vicomte de Beauséant ayant, non sans ironie, décliné l'invitation de sa femme, c'est à Eugène que revient le privilège de l'accompagner aux Italiens[4].]

Vocabulaire et noms propres

1. *Blasés :* lassés de tout.
2. *Bonne chère :* nourriture raffinée. « Chère » vient du latin *cara* : le visage.
3. *Duc d'Escars :* maître d'hôtel du roi Louis XVIII.
4. *Aux Italiens ou Théâtre-Italien :* lieu où les acteurs italiens représentent leurs opéras. L'adresse en a souvent changé mais de 1825 à 1838, il se situe salle Favart (actuel Opéra-Comique). *Voir carte sur le rabat.*

« Vous avez à me parler, lui dit madame de Beauséant. Ah ! tenez, voici madame de Nucingen à trois loges de la nôtre. Sa sœur et monsieur de Trailles sont de l'autre côté. »

En disant ces mots, la vicomtesse regardait la loge où devait être mademoiselle de Rochefide, et, n'y voyant pas monsieur d'Ajuda, sa figure prit un éclat extraordinaire.

« Elle est charmante, dit Eugène après avoir regardé madame de Nucingen.

– Elle a les cils blancs.

– Oui, mais quelle jolie taille mince !

– Elle a de grosses mains.

– Les beaux yeux !

– Elle a le visage en long.

– Mais la forme longue a de la distinction.

– Cela est heureux pour elle qu'il y en ait là. Voyez comment elle prend et quitte son lorgnon ! Le Goriot perce dans tous ses mouvements », dit la vicomtesse au grand étonnement d'Eugène.

En effet, madame de Beauséant lorgnait la salle et semblait ne pas faire attention à madame de Nucingen, dont elle ne perdait cependant pas un geste. L'assemblée était exquisément belle. Delphine de Nucingen n'était pas peu flattée d'occuper exclusivement le jeune, le beau, l'élégant cousin de madame de Beauséant, il ne regardait qu'elle.

« Si vous continuez à la couvrir de vos regards, vous allez faire scandale, monsieur de Rastignac. Vous ne réussirez à rien, si vous vous jetez ainsi à la tête des gens.

– Ma chère cousine, dit Eugène, vous m'avez déjà bien protégé ; si vous voulez achever votre ouvrage, je ne vous demande plus que de me rendre un service qui vous donnera peu de peine et me fera grand bien. Me voilà pris.

– Déjà ?

– Oui.

– Et de cette femme ?

– Mes prétentions seraient-elles donc écoutées ailleurs ? dit-il en lançant un regard pénétrant à sa cousine. Madame la duchesse de Carigliano est attachée à madame la duchesse de Berry[1], reprit-il après une pause, vous devez la voir, ayez la bonté de me présenter chez elle et de m'amener au bal qu'elle donne lundi. J'y rencontrerai madame de Nucingen, et je livrerai ma première escarmouche[2].

– Volontiers, dit-elle. Si vous vous sentez déjà du goût pour elle, vos affaires de cœur vont très bien. Voici de Marsay dans la loge de la princesse Galathionne. Madame de Nucingen est au supplice, elle se dépite. Il n'y a pas de meilleur moment pour aborder une femme, surtout une femme de banquier. Ces dames de la Chaussée-d'Antin[3] aiment toutes la vengeance.

– Que feriez-vous donc, vous, en pareil cas ?

– Moi, je souffrirais en silence. »

En ce moment le marquis d'Ajuda se présenta dans la loge de madame de Beauséant.

« J'ai mal fait mes affaires afin de venir vous retrouver, dit-il, et je vous en instruis pour que ce ne soit pas un sacrifice. »

Les rayonnements du visage de la vicomtesse apprirent à Eugène à reconnaître les expressions d'un véritable amour, et à ne pas les confondre avec les simagrées de la coquetterie parisienne. Il admira sa cousine, devint muet et céda sa place à monsieur d'Ajuda en soupirant. « Quelle noble, quelle sublime créature est une femme qui aime ainsi ! se dit-il. Et cet homme la trahirait pour une poupée ! comment peut-on la trahir ? » Il se sentit au cœur une rage d'enfant.

Vocabulaire et noms propres

1. *La duchesse de Berry (1798-1870) :* épouse du duc de Berry, fils et successeur présumé de Charles X (avant d'être assassiné en 1820). En 1819, époque où se situe le roman, elle est donc un personnage considérable.

2. *Escarmouche :* affrontement rapide entre soldats.

3. *La Chaussée-d'Antin :* le quartier des banquiers. *Voir carte sur le rabat.*

Il aurait voulu se rouler aux pieds de madame de Beauséant, il souhaitait le pouvoir des démons afin de l'emporter dans son cœur, comme un aigle enlève de la plaine dans son aire une jeune chèvre blanche qui tette encore. Il était humilié d'être dans ce grand Musée de la beauté sans son tableau, sans une maîtresse à lui. « Avoir une maîtresse et une position quasi royale, se disait-il, c'est le signe de la puissance ! » Et il regarda madame de Nucingen comme un homme insulté regarde son adversaire. La vicomtesse se retourna vers lui pour lui adresser sur sa discrétion mille remerciements dans un clignement d'yeux. Le premier acte était fini.

« Vous connaissez assez madame de Nucingen pour lui présenter monsieur de Rastignac ? dit-elle au marquis d'Ajuda.

– Mais elle sera charmée de voir monsieur », dit le marquis.

Le beau Portugais se leva, prit le bras de l'étudiant, qui en un clin d'œil se trouva auprès de madame de Nucingen.

[Invité à rester dans la loge de Mme de Nucingen, Eugène s'emploie à la séduire. Flattant successivement sa jalousie, sa vanité et sa coquetterie, il commence par expliquer comment il s'est fermé la porte d'Anastasie de Restaud pour avoir évoqué son père. Puis il souligne qu'on a ri de ce reniement chez la vicomtesse. Enfin, il affirme que la vicomtesse a de Delphine la meilleure opinion. Il enchaîne sur des galanteries jusqu'au retour du baron venu chercher sa femme. En prenant congé, il annonce sa visite que le baron accepte non sans ironie. Pourtant, sa victoire n'est pas aussi entière qu'il veut le croire, car Delphine de Nucingen, plus préoccupée qu'il n'y paraît, attend anxieusement une lettre décisive de M. de Marsay, son amant en titre.

Sur le chemin du retour, Eugène fait le bilan de sa soirée : épris d'une femme dont le mari appartient au milieu des affaires, il entrevoit le moyen de bâtir une fortune et se félicite d'être déjà reçu dans quatre maisons : chez Mme de Beauséant, chez la maréchale de Carigliano, chez la baronne de Nucingen, et pourquoi pas, chez Mme de Restaud dont le dépit, en le voyant successivement dans la loge de Mme de Beauséant, puis dans celle de sa sœur, ne lui a pas échappé.

Avant de regagner sa chambre, Eugène passe chez le père Goriot pour lui raconter la soirée de sa fille. Stupéfait par la misère de son taudis, il ne peut s'empêcher de lui demander comment, ayant des filles si richement établies, il se trouve à vivre ainsi. Goriot proteste : il n'a besoin de rien, il ne vit qu'à travers le bonheur de ses filles, or, justement, Delphine n'est pas heureuse. Il donnerait tout à celui qui saurait l'aimer. Muni de cette bénédiction paternelle, Eugène peut sans remords suivre la voie qu'il s'est fixée. Quittant le vieillard, il lui laisse croire que Delphine a pensé à lui et qu'elle lui adresse « un bon baiser de fille ».]

Le lendemain matin, au déjeuner, l'affectation avec laquelle le père Goriot regardait Eugène, près duquel il se plaça, les quelques paroles qu'il lui dit, et le changement de sa physionomie, ordinairement semblable à un masque de plâtre, surprirent les pensionnaires. Vautrin, qui revoyait l'étudiant pour la première fois depuis leur conférence, semblait vouloir lire dans son âme. En se souvenant du projet de cet homme, Eugène, qui, avant de s'endormir, avait, pendant la nuit, mesuré le vaste champ qui s'ouvrait à ses regards, pensa nécessairement à la dot de mademoiselle Taillefer, et ne put s'empêcher de regarder Victorine comme le plus vertueux jeune homme regarde une riche héritière. Par hasard, leurs yeux se rencontrèrent. La pauvre fille ne manqua pas de trouver Eugène charmant dans sa nouvelle tenue. Le coup d'œil qu'ils échangèrent fut assez significatif pour que Rastignac ne doutât pas d'être pour elle l'objet de ces confus désirs qui atteignent toutes les jeunes filles et qu'elles rattachent au premier être séduisant. Une voix lui criait : « Huit cent mille francs ! » Mais tout à coup il se rejeta dans ses souvenirs de la veille, et pensa que sa passion de commande pour madame de Nucingen était l'antidote de ses mauvaises pensées involontaires.

« L'on donnait hier aux Italiens *Le Barbier de Séville*[1] de Rossini[2]. Je n'avais jamais entendu de si délicieuse musique, dit-il. Mon Dieu ! est-on heureux d'avoir une loge aux Italiens ! »

Le père Goriot saisit cette parole au vol comme un chien saisit un mouvement de son maître.

« Vous êtes comme des coqs-en-pâte, dit madame Vauquer, vous autres hommes, vous faites tout ce qui vous plaît.

– Comment êtes-vous revenu ? demanda Vautrin.

– À pied, répondit Eugène.

– Moi, reprit le tentateur, je n'aimerais pas de demi-plaisirs ; je voudrais aller là dans ma voiture, dans ma loge, et revenir bien commodément. Tout ou rien ! voilà ma devise.

– Et qui est bonne, reprit madame Vauquer.

– Vous irez peut-être voir madame de Nucingen, dit Eugène à voix basse à Goriot. Elle vous recevra certes à bras ouverts ; elle voudra savoir de vous mille petits détails sur moi. J'ai appris qu'elle ferait tout au monde pour être reçue chez ma cousine, madame la vicomtesse de Beauséant. N'oubliez pas de lui dire que je l'aime trop pour ne pas penser à lui procurer cette satisfaction. »

[Troublé par sa conscience, Eugène flâne aux alentours de l'université lorsqu'il rencontre son ami Bianchon dont le jugement simple et honnête l'apaise. Parti suivre le cours de Cuvier[3] *au Jardin des Plantes*[4]*, l'étudiant*

Noms propres

1. *Le Barbier de Séville :* opéra tiré de la pièce de Beaumarchais du même nom.

2. *Rossini (1792-1868) :* compositeur italien.

3. *Georges Cuvier (1769-1832) :* naturaliste et paléontologue, fondateur de l'anatomie comparée et dont Balzac a suivi les cours.

4. *Jardin des Plantes :* initialement Jardin royal des plantes médicinales. Créé en 1635 sous le règne de Louis XIII, il est transformé en musée national d'Histoire naturelle par un décret de la Convention le 10 juin 1793. *Voir carte sur le rabat.*

en médecine révèle à son retour qu'il vient de voir « la Michonneau » et « le Poiret », en conversation sur un banc avec un homme qu'il pense avoir reconnu pour un policier en civil.

De retour à la pension, Eugène reçoit du père Goriot une invitation à venir dîner le samedi suivant chez M. et Mme de Nucingen. Le jour venu, il trouve Delphine seule et au désespoir. Sur les instances du jeune homme, elle accepte de l'associer à ses chagrins.]

« Eh bien ! s'écria-t-elle saisie par une pensée de désespoir qui la fit se frapper le front, je vais vous mettre à l'instant même à l'épreuve. Oui, se dit-elle, il n'est plus que ce moyen. Elle sonna.

– La voiture de monsieur est-elle attelée ? dit-elle à son valet de chambre.

– Oui, madame.

– Je la prends. Vous lui donnerez la mienne et mes chevaux. Vous ne servirez le dîner qu'à sept heures.

– Allons, venez, dit-elle à Eugène, qui crut rêver en se trouvant dans le coupé de monsieur de Nucingen, à côté de cette femme.

– Au Palais-Royal[1], dit-elle au cocher, près du Théâtre-Français[2]. »

En route, elle parut agitée, et refusa de répondre aux mille interrogations d'Eugène, qui ne savait que penser de cette résistance muette, compacte, obtuse.

« En un moment elle m'échappe », se disait-il.

Quand la voiture s'arrêta, la baronne regarda l'étudiant d'un air qui imposa silence à ses folles paroles ; car il s'était emporté.

« Vous m'aimez bien ? dit-elle.

– Oui, répondit-il en cachant l'inquiétude qui le saisissait.

– Vous ne penserez rien de mal sur moi, quoi que je puisse vous demander ?

Noms propres

1. *Palais-Royal :* voir note 2, page 31. 2. *Théâtre-Français :* Comédie-Française.

– Non.

– Êtes-vous disposé à m'obéir ?

– Aveuglément.

– Êtes-vous allé quelquefois au jeu ? dit-elle d'une voix tremblante.

– Jamais.

– Ah ! je respire. Vous aurez du bonheur. Voici ma bourse, dit-elle. Prenez donc ! il y a cent francs, c'est tout ce que possède cette femme si heureuse. Montez dans une maison de jeu, je ne sais où elles sont, mais je sais qu'il y en a au Palais-Royal. Risquez les cent francs à un jeu qu'on nomme la roulette, et perdez tout, ou rapportez-moi six mille francs. Je vous dirai mes chagrins à votre retour.

– Je veux bien que le diable m'emporte si je comprends quelque chose à ce que je vais faire, mais je vais vous obéir », dit-il avec une joie causée par cette pensée : « Elle se compromet avec moi, elle n'aura rien à me refuser. »

Eugène prend la jolie bourse, court au numéro NEUF, après s'être fait indiquer par un marchand d'habits la plus prochaine maison de jeu. Il y monte, se laisse prendre son chapeau ; mais il entre et demande où est la roulette. À l'étonnement des habitués, le garçon de salle le mène devant une longue table. Eugène, suivi de tous les spectateurs, demande sans vergogne[1] où il faut mettre l'enjeu.

« Si vous placez un louis sur un seul de ces trente-six numéros, et qu'il sorte, vous aurez trente-six louis », lui dit un vieillard respectable à cheveux blancs.

Eugène jette les cent francs sur le chiffre de son âge, vingt et un. Un cri d'étonnement part sans qu'il ait eu le temps de se reconnaître. Il avait gagné sans le savoir.

« Retirez donc votre argent, lui dit le vieux monsieur, l'on ne gagne pas deux fois dans ce système-là. »

Vocabulaire

1. *Sans vergogne :* sans honte, sans montrer son embarras.

Eugène prend un râteau que lui tend le vieux monsieur, il tire à lui les trois mille six cents francs et, toujours sans rien savoir du jeu, les place sur la rouge. La galerie[1] le regarde avec envie, en voyant qu'il continue à jouer. La roue tourne, il gagne encore, et le banquier lui jette encore trois mille six cents francs.

« Vous avez sept mille deux cents francs à vous, lui dit à l'oreille le vieux monsieur. Si vous m'en croyez, vous vous en irez, la rouge a passé huit fois. Si vous êtes charitable, vous reconnaîtrez ce bon avis en soulageant la misère d'un ancien préfet de Napoléon qui se trouve dans le dernier besoin. »

Rastignac étourdi se laisse prendre dix louis par l'homme à cheveux blancs, et descend avec les sept mille francs, ne comprenant encore rien au jeu, mais stupéfié de son bonheur.

« Ah çà ! où me mènerez-vous maintenant », dit-il en montrant les sept mille francs à madame de Nucingen quand la portière fut refermée.

Delphine le serra par une étreinte folle et l'embrassa vivement, mais sans passion. « Vous m'avez sauvée ! » Des larmes de joie coulèrent en abondance sur ses joues. « Je vais tout vous dire, mon ami. Vous serez mon ami, n'est-ce pas ? Vous me voyez riche, opulente, rien ne me manque ou je parais ne manquer de rien ! Eh bien ! sachez que monsieur de Nucingen ne me laisse pas disposer d'un sou : il paye toute la maison, mes voitures, mes loges ; il m'alloue pour ma toilette une somme insuffisante, il me réduit à une misère secrète par calcul. Je suis trop fière pour l'implorer. Ne serais-je pas la dernière des créatures si j'achetais son argent au prix où il veut me le vendre ! Comment, moi riche de sept cent mille francs, me suis-je laissé dépouiller ? par fierté, par indignation. Nous sommes si jeunes, si naïves, quand nous commençons la vie conjugale ! La parole par laquelle il fallait demander de l'argent à mon mari me déchirait la

Vocabulaire

1. *La galerie* : les spectateurs.

bouche ; je n'osais jamais, je mangeais l'argent de mes économies et celui que me donnait mon pauvre père ; puis je me suis endettée. Le mariage est pour moi la plus horrible des déceptions, je ne puis vous en parler : qu'il vous suffise de savoir que je me jetterais par la fenêtre s'il fallait vivre avec Nucingen autrement qu'en ayant chacun notre appartement séparé. Quand il a fallu lui déclarer mes dettes de jeune femme, des bijoux, des fantaisies (mon pauvre père nous avait accoutumées à ne nous rien refuser), j'ai souffert le martyre mais enfin j'ai trouvé le courage de les dire. N'avais-je pas une fortune à moi ? Nucingen s'est emporté, il m'a dit que je le ruinerais, des horreurs ! J'aurais voulu être à cent pieds sous terre. Comme il avait pris ma dot, il a payé ; mais en stipulant désormais pour mes dépenses personnelles une pension à laquelle je me suis résignée, afin d'avoir la paix. [...] Vous ne savez pas ce que j'ai souffert aujourd'hui, lorsque Nucingen m'a positivement refusé de me donner six mille francs, lui qui les donne tous les mois à sa maîtresse, une fille de l'Opéra ! [...] »

[Ces six mille francs, Delphine en a besoin pour les renvoyer à M. de Marsay à qui elle ne veut plus rien devoir maintenant qu'il l'a abandonnée. Reconnaissante envers Eugène de sa fierté retrouvée, elle l'engage à la rejoindre chaque semaine dans sa loge aux Italiens et l'oblige à accepter mille francs qui restent sur les gains réalisés au jeu.]

En s'en allant à pied, par un beau clair de lune, Eugène tomba dans de sérieuses réflexions. Il était à la fois heureux et mécontent : heureux d'une aventure dont le dénouement probable lui donnait une des plus jolies et des plus élégantes femmes de Paris, objet de ses désirs ; mécontent de voir ses projets de fortune renversés, et ce fut alors qu'il éprouva la réalité des pensées indécises auxquelles il s'était livré l'avant-veille. L'insuccès nous accuse toujours la puissance de nos prétentions. Plus Eugène jouissait de la vie parisienne, moins il voulait demeurer obscur et pauvre. Il chiffonnait son billet de mille francs dans sa poche, en se faisant mille raisonnements captieux pour se l'approprier.

[Arrivé rue Neuve-Sainte-Geneviève, Eugène rend visite au père Goriot qui se désespère des malheurs de sa fille. Soulageant sa conscience, Eugène lui tend les mille francs donnés par Delphine.]

Le lendemain, à l'heure du bal, Rastignac alla chez madame de Beauséant, qui l'emmena pour le présenter à la duchesse de Carigliano. Il reçut le plus gracieux accueil de la maréchale, chez laquelle il retrouva madame de Nucingen. Delphine s'était parée avec l'intention de plaire à tous pour mieux plaire à Eugène, de qui elle attendait impatiemment un coup d'œil, en croyant cacher son impatience. Pour qui sait deviner les émotions d'une femme, ce moment est plein de délices. Qui ne s'est souvent plu à faire attendre son opinion, à déguiser coquettement son plaisir, à chercher des aveux dans l'inquiétude que l'on cause, à jouir des craintes qu'on dissipera par un sourire ? Pendant cette fête, l'étudiant mesure tout à coup la portée de sa position, et comprit qu'il avait un état dans le monde en étant cousin avoué de madame de Beauséant. La conquête de madame la baronne de Nucingen, qu'on lui donnait déjà, le mettait si bien en relief, que tous les jeunes gens lui jetaient des regards d'envie ; en en surprenant quelques-uns, il goûta les premiers plaisirs de la fatuité[1]. En passant d'un salon dans un autre, en traversant les groupes, il entendit vanter son bonheur. Les femmes lui prédisaient toutes des succès. Delphine, craignant de le perdre, lui promit de ne pas lui refuser le soir le baiser qu'elle s'était tant défendu d'accorder l'avant-veille. À ce bal, Rastignac reçut plusieurs engagements. Il fut présenté par sa cousine à quelques femmes qui toutes avaient

Vocabulaire
1. *Fatuité :* vanité, orgueil.

des prétentions à l'élégance, et dont les maisons passaient pour être agréables, il se vit lancé dans le plus grand et le plus beau monde de Paris. Cette soirée eut donc pour lui les charmes d'un brillant début, et il devait s'en souvenir jusque dans ses vieux jours, comme une jeune fille se souvient du bal où elle a eu des triomphes. Le lendemain, quand, en déjeunant, il raconta ses succès au père Goriot devant les pensionnaires, Vautrin se prit à sourire d'une façon diabolique.

« Et vous croyez, s'écria ce féroce logicien[1], qu'un jeune homme à la mode peut demeurer rue Neuve-Sainte-Geneviève, dans la Maison Vauquer ? pension infiniment respectable sous tous les rapports, certainement, mais qui n'est rien moins que fashionable[2]. Elle est cossue[3], elle est belle de son abondance, elle est fière d'être le manoir momentané d'un Rastignac ; mais, enfin, elle est rue Neuve-Sainte-Geneviève, et ignore le luxe, parce qu'elle est purement *patriarchalorama*. Mon jeune ami, reprit Vautrin, d'un air paternellement railleur, si vous voulez faire figure à Paris, il vous faut trois chevaux et un tilbury[4] pour le matin, un coupé[5] pour le soir, en tout neuf mille francs pour le véhicule. Vous seriez indigne de votre destinée si vous ne dépensiez trois mille francs chez votre tailleur, six cents francs chez le parfumeur, cent écus chez le bottier, cent écus chez le chapelier. Quant à votre blanchisseuse, elle vous coûtera mille francs. Les jeunes gens à la mode ne peuvent se dispenser d'être très forts sur l'article du linge : n'est-ce pas ce qu'on examine le plus souvent en eux ? L'amour et l'église veulent de belles nappes sur leurs autels. Nous sommes à quatorze mille. Je ne vous parle pas de ce que vous perdrez au jeu, en paris, en présents ; il est impossible de ne pas

Vocabulaire

1. *Logicien :* qui sait raisonner avec rigueur.

2. *Rien moins que fashionable :* qui, étant donné son manque d'élégance, n'a aucune chance d'attirer les jeunes gens à la mode.

3. *Cossue :* qui dénote une certaine aisance (ironique).

4. *Un tilbury :* voir note 1, page 33.

5. *Un coupé :* voiture à cheval élégante, fermée, à quatre roues et à deux places.

compter pour deux mille francs l'argent de poche. J'ai mené cette vie-là, j'en connais les débours[1]. Ajoutez à ces nécessités premières trois cents louis pour la pâtée, mille francs pour la niche. Allez, mon enfant, nous en avons pour nos petits vingt-cinq mille par an dans les flancs, ou nous tombons dans la crotte, nous nous faisons moquer de nous, et nous sommes destitué de notre avenir, de nos succès, de nos maîtresses ! J'oublie le valet de chambre et le groom ! Est-ce Christophe qui portera vos billets doux ? Les écrirez-vous sur le papier dont vous vous servez ? Ce serait vous suicider. Croyez-en un vieillard plein d'expérience ! reprit-il en faisant un *rinforzando*[2] dans sa voix de basse. Ou déportez-vous dans une vertueuse mansarde, et mariez-vous-y avec le travail, ou prenez une autre voie. »

Et Vautrin cligna de l'œil en guignant mademoiselle Taillefer de manière à rappeler et résumer dans ce regard les raisonnements séducteurs qu'il avait semés au cœur de l'étudiant pour le corrompre.

[En compagnie de Delphine, Eugène mène une vie dissipée, oisive et dispendieuse[3]. Il fréquente tous les endroits à la mode, se couche tard, se lève de même et joue. Sur ses gains, il a rendu à sa mère et à ses sœurs les quinze cents francs prêtés mais à la fin du mois de janvier, il n'a toujours pas quitté la pension et s'est endetté. Menant extérieurement une vie splendide, il est dévoré d'angoisses !]

Eugène, qui, pour la première fois depuis longtemps, avait dîné à la pension, s'était montré pensif pendant le repas. Au lieu de sortir au dessert, il resta dans la salle à manger assis auprès de mademoiselle Taillefer, à laquelle il jeta de temps en temps des regards expressifs. Quelques pensionnaires étaient encore attablés et mangeaient des noix, d'autres

Vocabulaire

1. *Les débours :* les dépenses.
2. *Rinforzando :* terme de musique indiquant une augmentation progressive de l'intensité sonore.
3. *Dispendieuse :* coûteuse.

se promenaient en continuant des discussions commencées. Comme presque tous les soirs, chacun s'en allait à sa fantaisie, suivant le degré d'intérêt qu'il prenait à la conversation, ou selon le plus ou le moins de pesanteur que lui causait sa digestion. En hiver, il était rare que la salle à manger fût entièrement évacuée avant huit heures, moment où les quatre femmes demeuraient seules et se vengeaient du silence que leur sexe leur imposait au milieu de cette réunion masculine. Frappé de la préoccupation à laquelle Eugène était en proie, Vautrin resta dans la salle à manger, quoiqu'il eût paru d'abord empressé de sortir, et se tint constamment de manière à n'être pas vu d'Eugène, qui put le croire parti. Puis, au lieu d'accompagner ceux des pensionnaires qui s'en allèrent les derniers, il stationna sournoisement dans le salon. Il avait lu dans l'âme de l'étudiant et pressentait un symptôme décisif. Rastignac se trouvait en effet dans une situation perplexe que beaucoup de jeunes gens ont dû connaître. Aimante ou coquette, madame de Nucingen avait fait passer Rastignac par toutes les angoisses d'une passion véritable, en déployant pour lui les ressources de la diplomatie féminine en usage à Paris. Après s'être compromise aux yeux du public pour fixer près d'elle le cousin de madame de Beauséant, elle hésitait à lui donner réellement les droits dont il paraissait jouir. Depuis un mois elle irritait si bien les sens d'Eugène, qu'elle avait fini par attaquer le cœur. Si, dans les premiers moments de sa liaison, l'étudiant s'était cru le maître, madame de Nucingen était devenue la plus forte, à l'aide de ce manège qui mettait en mouvement chez Eugène tous les sentiments, bons ou mauvais, des deux ou trois hommes qui sont dans un jeune homme de Paris. [...] Tout Paris lui donnait madame de Nucingen, auprès de laquelle il n'était pas plus avancé que le premier jour où il l'avait vue. Ignorant encore que la coquetterie d'une femme offre quelquefois plus de bénéfices que son amour ne donne de plaisir, il tombait dans de sottes rages. Si la saison pendant laquelle une femme se dispute à l'amour offrait à Rastignac le butin de ses primeurs, elles lui devenaient aussi coûteuses qu'elles étaient vertes, aigrelettes et délicieuses à savourer. Parfois, en se voyant sans un sou, sans avenir, il pensait, malgré la voix de sa conscience, aux chances de fortune dont Vautrin lui avait démontré la possibilité dans un mariage avec mademoiselle Taillefer. Or il se trouvait alors dans un moment où sa misère parlait si haut, qu'il céda presque involontairement aux artifices du terrible sphinx par les regards duquel il était souvent fasciné. Au moment où Poiret et mademoiselle Michonneau remontèrent chez eux, Rastignac, se croyant seul entre madame Vauquer et madame Couture, qui se tricotait des manches de laine en sommeillant auprès du poêle, regarda mademoiselle Taillefer d'une manière assez tendre pour lui faire baisser les yeux.

« Auriez-vous des chagrins, monsieur Eugène ? lui dit Victorine après un moment de silence.

– Quel homme n'a pas ses chagrins ! répondit Rastignac. Si nous étions sûrs, nous autres jeunes gens, d'être bien aimés, avec un dévouement qui nous récompensât des sacrifices que nous sommes toujours disposés à faire, nous n'aurions peut-être jamais de chagrins. »

Mademoiselle Taillefer lui jeta, pour toute réponse, un regard qui n'était pas équivoque.

« Vous, mademoiselle, vous vous croyez sûre de votre cœur aujourd'hui ; mais répondriez-vous de ne jamais changer ? »

Un sourire vint errer sur les lèvres de la pauvre fille comme un rayon jailli de son âme, et fit si bien reluire sa figure qu'Eugène fut effrayé d'avoir provoqué une aussi vive explosion de sentiment.

« Quoi ! si demain vous étiez riche et heureuse, si une immense fortune vous tombait des nues, vous aimeriez encore le jeune homme pauvre qui vous aurait plu durant vos jours de détresse ? »

Elle fit un joli signe de tête.

« Un jeune homme bien malheureux ! »

Nouveau signe.

« Quelles bêtises dites-vous donc là ? s'écria madame Vauquer.

– Laissez-nous, répondit Eugène, nous nous entendons.

– Il y aurait donc alors promesse de mariage entre monsieur le chevalier Eugène de Rastignac et mademoiselle Victorine Taillefer ? dit Vautrin de sa grosse voix en se montrant tout à coup à la porte de la salle à manger.

– Ah ! vous m'avez fait peur, dirent à la fois madame Couture et madame Vauquer.

– Je pourrais plus mal choisir, répondit en riant Eugène à qui la voix de Vautrin causa la plus cruelle émotion qu'il eût jamais ressentie.

– Pas de mauvaises plaisanteries, messieurs ! dit madame Couture. Ma fille, remontons chez nous. »

Madame Vauquer suivit ses deux pensionnaires, afin d'économiser sa chandelle et son feu en passant la soirée chez elles. Eugène se trouva seul et face à face avec Vautrin.

« Je savais bien que vous y arriveriez, lui dit cet homme en gardant un imperturbable sang-froid. Mais, écoutez ! j'ai de la délicatesse tout comme un autre, moi. Ne vous décidez pas dans ce moment, vous n'êtes pas dans votre assiette ordinaire. Vous avez des dettes. Je ne veux pas que ce soit la passion, le désespoir, mais la raison qui vous détermine à venir à moi. Peut-être vous faut-il quelque millier d'écus. Tenez, le voulez-vous ? »

Ce démon prit dans sa poche un portefeuille, et en tira trois billets de banque qu'il fit papilloter aux yeux de l'étudiant. Eugène était dans la plus cruelle des situations. Il devait au marquis d'Ajuda et au comte de Trailles cent louis[1] perdus sur parole. Il ne les avait pas, et n'osait aller passer la soirée chez madame de Restaud, où il était attendu. C'était une

Vocabulaire

1. *Cent louis :* environ 2 000 francs ; selon le budget évalué par Vautrin dans les pages précédentes, cela correspond à un tiers du budget annuel de nourriture, à deux fois celui du logement.

de ces soirées sans cérémonies où l'on mange des petits gâteaux, où l'on boit du thé, mais où l'on peut perdre six mille francs au whist[1].

« Monsieur, lui dit Eugène en cachant avec peine un tremblement convulsif, après ce que vous m'avez confié, vous devez comprendre qu'il m'est impossible de vous avoir des obligations.

– Eh bien ! vous m'auriez fait de la peine de parler autrement, reprit le tentateur. Vous êtes un beau jeune homme, délicat, fier comme un lion et doux comme une jeune fille. Vous seriez une belle proie pour le diable. J'aime cette qualité des jeunes gens. Encore deux ou trois réflexions de haute politique, et vous verrez le monde comme il est. En y jouant quelques petites scènes de vertu, l'homme supérieur y satisfait toutes ses fantaisies aux grands applaudissements des niais du parterre. Avant peu de jours vous serez à nous. Ah ! si vous vouliez devenir mon élève, je vous ferais arriver à tout. Vous ne formeriez pas un désir qu'il ne fût à l'instant comblé, quoi que vous puissiez souhaiter : honneur, fortune, femmes. [...] Vous ne voulez pas être mon obligé, hein ? Qu'à cela ne tienne ! reprit Vautrin en laissant échapper un sourire. Prenez ces chiffons, et mettez-moi là-dessus, dit-il en tirant un timbre, là, en travers : *Accepté pour la somme de trois mille cinq cents francs payable en un an.* Et datez ! L'intérêt est assez fort pour vous ôter tout scrupule [...]. Les temps sont bien changés. Autrefois on disait à un brave : “Voilà cent écus, tue-moi monsieur un tel”, et l'on soupait tranquillement après avoir mis un homme à l'ombre pour un oui, pour un non. Aujourd'hui je vous propose de vous donner une belle fortune contre un signe de tête qui ne nous compromet en rien, et vous hésitez. Le siècle est mou ! »

Eugène signa la traite, et l'échangea contre les billets de banque.

Vocabulaire
1. *Whist :* jeu de cartes ancêtre du bridge.

Trompe-la-Mort

[Deux jours après cet événement, M. Poiret et Mlle Michonneau se trouvent au Jardin des Plantes, en compagnie de l'homme repéré par Bianchon et qui n'est autre que M. Gondureau, chef de la sûreté[1]*. Ce dernier leur apprend que Vautrin,* alias *Jacques Collin dit Trompe-la-Mort, serait un ancien forçat évadé du bagne de Toulon ! Homme d'honneur à sa manière, Jacques Collin a endossé la responsabilité d'un faux en écriture à la place d'un « beau jeune homme » qu'il a voulu protéger. Ayant pendant ses années de bagne gagné la confiance des forçats, il est à sa sortie devenu leur homme de confiance et leur banquier ! Autant dire que l'homme dispose de sommes considérables sur lesquelles le gouvernement aimerait bien mettre la main. Mais la prise étant risquée, il convient d'éviter toute bévue et c'est là qu'intervient Mlle Michonneau. Il lui suffit de jeter une drogue dans le verre de Vautrin et de vérifier qu'il porte bien sur l'épaule la marque des forçats. Exploitant la naïveté de Poiret et la cupidité de la demoiselle, le policier évoque l'intérêt que porte le ministre à l'affaire et propose deux mille francs. La demoiselle fait d'abord monter les enchères à trois mille puis, se demandant si le bénéfice ne serait pas plus grand à traiter directement avec Vautrin, elle réserve sa réponse pour le lendemain.*

Lorsqu'elle arrive à la pension, Mlle Michonneau remarque Eugène engagé dans une conversation intime avec Victorine Taillefer. Désespéré par la lenteur de ses amours avec Delphine, l'étudiant est prêt à s'engager auprès de l'héritière ; l'arrivée de Vautrin le sauve.]

Vocabulaire

1. *Chef de la sûreté :* directeur de la police. Le personnage de Gondureau a été inspiré à Balzac par Vidocq, ancien forçat devenu chef de la police.

« L'affaire est faite, dit Vautrin à Eugène. Nos deux dandies se sont piochés[1]. Tout s'est passé convenablement. Affaire d'opinion. Notre pigeon a insulté mon faucon. À demain, dans la redoute de Clignancourt. À huit heures et demie, mademoiselle Taillefer héritera de l'amour et de la fortune de son père, pendant qu'elle sera là tranquillement à tremper ses mouillettes de pain beurré dans son café. N'est-ce pas drôle à se dire ? Ce petit Taillefer est très fort à l'épée, il est confiant comme un brelan carré[2] ; mais il sera saigné par un coup que j'ai inventé, une manière de relever l'épée et de vous piquer le front. Je vous montrerai cette botte-là[3], car elle est furieusement utile. »

Rastignac écoutait d'un air stupide, et ne pouvait rien répondre. En ce moment le père Goriot, Bianchon et quelques autres pensionnaires arrivèrent.

« Voilà comme je vous voulais, lui dit Vautrin. Vous savez ce que vous faites. Bien, mon petit aiglon ! vous gouvernerez les hommes ; vous êtes fort, carré, poilu ; vous avez mon estime. »

Il voulut lui prendre la main. Rastignac retira vivement la sienne, et tomba sur une chaise en pâlissant ; il croyait voir une mare de sang devant lui.

« Ah ! nous avons encore quelques petits langes tachés de vertu, dit Vautrin à voix basse. Papa d'Oliban[4] a trois millions, je sais sa fortune. La dot vous rendra blanc comme une robe de mariée, et à vos propres yeux. »

Rastignac n'hésita plus. Il résolut d'aller prévenir pendant la soirée messieurs Taillefer père et fils. En ce moment, Vautrin l'ayant quitté, le père Goriot lui dit à l'oreille : « Vous êtes triste, mon enfant !

Vocabulaire

1. *Piochés :* agressés, provoqués.
2. *Brelan carré :* combinaison de trois cartes de même rang que la carte retournée sur la table : un bon jeu.
3. *Botte :* coup favori d'un escrimeur.
4. *Papa d'Oliban :* périphrase qui désigne le père de Victorine. Allusion à un personnage de dupe dans une comédie de la fin du XVIIIe siècle.

je vais vous égayer, moi. Venez ! » Et le vieux vermicellier allumait son rat-de-cave[1] à une des lampes. Eugène le suivit tout ému de curiosité.

« Entrons chez vous, dit le bonhomme, qui avait demandé la clef de l'étudiant à Sylvie. Vous avez cru ce matin qu'elle ne vous aimait pas, hein ! reprit-il. Elle vous a renvoyé de force, et vous vous en êtes allé fâché, désespéré. Nigaudinos ! Elle m'attendait. Comprenez-vous ? Nous devions aller achever d'arranger un bijou d'appartement dans lequel vous irez demeurer d'ici à trois jours. Ne me vendez pas. Elle veut vous faire une surprise ; mais je ne tiens pas à vous cacher plus longtemps le secret. Vous serez rue d'Artois, à deux pas de la rue Saint-Lazare. Vous y serez comme un prince. Nous vous avons eu des meubles comme pour une épousée. Nous avons fait bien des choses depuis un mois, en ne vous en disant rien. Mon avoué s'est mis en campagne, ma fille aura ses trente-six mille francs par an, l'intérêt de sa dot, et je vais faire exiger le placement de ses huit cent mille francs en bons biens au soleil. »

Eugène était muet et se promenait, les bras croisés, de long en long, dans sa pauvre chambre en désordre. Le père Goriot saisit un moment où l'étudiant lui tournait le dos, et mit sur la cheminée une boîte en maroquin[2] rouge, sur laquelle étaient imprimées en or les armes de Rastignac[3].

« Mon cher enfant, disait le pauvre bonhomme, je me suis mis dans tout cela jusqu'au cou. Mais, voyez-vous, il y avait à moi bien de l'égoïsme, je suis intéressé dans votre changement de quartier. Vous ne me refuserez pas, hein ! si je vous demande quelque chose ?

– Que voulez-vous ?

– Au-dessus de votre appartement, au cinquième, il y a une chambre qui en dépend, j'y demeurerai, pas vrai ? je me fais vieux, je suis trop loin de mes filles. Je ne vous gênerai pas. Seulement je

Vocabulaire

1. *Rat-de-cave :* voir note 3, page 26.

2. *Maroquin :* cuir de chèvre.

3. *Les armes de Rastignac :* le blason de la famille.

serai là. Vous me parlerez d'elle tous les soirs. Ça ne vous contrariera pas, dites ? Quand vous rentrerez, que je serai dans mon lit, je vous entendrai, je me dirai : "Il vient de voir ma petite Delphine. Il l'a menée au bal, elle est heureuse par lui." Si j'étais malade, ça me mettrait du baume dans le cœur de vous écouter revenir, vous remuer, aller. Il y aura tant de ma fille en vous ! Je n'aurai qu'un pas à faire pour être aux Champs-Élysées, où elles passent tous les jours, je les verrai toujours, tandis que quelquefois j'arrive trop tard. Et puis elle viendra chez vous peut-être ! je l'entendrai, je la verrai dans sa douillette du matin, trottant, allant gentiment comme une petite chatte. Elle est redevenue, depuis un mois, ce qu'elle était, jeune fille, gaie, pimpante. Son âme est en convalescence, elle vous doit le bonheur. Oh ! je ferais pour vous l'impossible. Elle me disait tout à l'heure en revenant : "Papa, je suis bien heureuse !" Quand elles me disent cérémonieusement, *Mon père*, elles me glacent ; mais quand elles m'appellent *papa*, il me semble encore les voir petites, elles me rendent tous mes souvenirs. Je suis mieux leur père. Je crois qu'elles ne sont encore à personne ! (Le bonhomme s'essuya les yeux, il pleurait.) Il y a longtemps que je n'avais entendu cette phrase, longtemps qu'elle ne m'avait donné le bras. Oh ! oui, voilà bien dix ans que je n'ai marché côte à côte avec une de mes filles. Est-ce bon de se frotter à sa robe, de se mettre à son pas, de partager sa chaleur ! Enfin, j'ai mené Delphine, ce matin, partout. J'entrais avec elle dans les boutiques. Et je l'ai reconduite chez elle. Oh ! gardez-moi près de vous. Quelquefois vous aurez besoin de quelqu'un pour vous rendre service, je serai là. Oh ! si cette grosse souche d'Alsacien mourait, si sa goutte[1] avait l'esprit de remonter dans l'estomac, ma pauvre fille serait-elle heureuse ! Vous seriez mon gendre, vous seriez ostensiblement son mari. Bah ! elle est si malheureuse de ne rien connaître

Vocabulaire

1. *Goutte :* inflammation très douloureuse des articulations qui se localise souvent au pied.

aux plaisirs de ce monde, que je l'absous de tout[1]. Le bon Dieu doit être du côté des pères qui aiment bien. Elle vous aime trop ! dit-il en hochant la tête après une pause. En allant, elle causait de vous avec moi : "N'est-ce pas, mon père, il est bien ! il a bon cœur ! Parle-t-il de moi ?" Bah, elle m'en a dit, depuis la rue d'Artois jusqu'au passage des Panoramas[2], des volumes ! Elle m'a enfin versé son cœur dans le mien. Pendant toute cette bonne matinée je n'étais plus vieux, je ne pesais pas une once. Je lui ai dit que vous m'aviez remis le billet de mille francs. Oh ! la chérie, elle en a été émue aux larmes. Qu'avez-vous donc là sur votre cheminée ? » dit enfin le père Goriot qui se mourait d'impatience en voyant Rastignac immobile.

Eugène tout abasourdi regardait son voisin d'un air hébété. Ce duel, annoncé par Vautrin pour le lendemain, contrastait si violemment avec la réalisation de ses plus chères espérances, qu'il éprouvait toutes les sensations du cauchemar. Il se tourna vers la cheminée, y aperçut la petite boîte carrée, l'ouvrit, et trouva dedans un papier qui couvrait une montre de Bréguet. Sur ce papier étaient écrits ces mots : « Je veux que vous pensiez à moi à toute heure, *parce que...*

« DELPHINE. »

Ce dernier mot faisait sans doute allusion à quelque scène qui avait eu lieu entre eux. Eugène en fut attendri. Ses armes étaient intérieurement émaillées dans l'or de la boîte. Ce bijou si longtemps envié, la chaîne, la clef, la façon, les dessins répondaient à tous ses vœux. Le père Goriot était radieux. Il avait sans doute promis à sa fille de lui rapporter les moindres effets de la surprise que causerait son présent à Eugène, car il était en tiers dans ces jeunes émotions et ne paraissait pas le moins heureux. Il aimait déjà Rastignac et pour sa fille et pour lui-même.

Vocabulaire et nom propre

1. *Je l'absous de tout :* je lui pardonne.
2. *Passage des Panoramas :* passage couvert dans le quartier de la Chaussée-d'Antin. On pouvait y voir en spectacle de vastes tableaux circulaires destinés à être regardés du centre.

« Vous irez la voir ce soir, elle vous attend. La grosse souche d'Alsacien soupe chez sa danseuse. »

[Eugène accepte de rejoindre Delphine mais charge le père Goriot de se rendre chez le père Taillefer et d'obtenir pour le soir même un rendez-vous : il s'agit de l'avertir d'un duel au cours duquel son fils doit être tué. Dans le couloir, Vautrin chantonne ! D'humeur badine, il offre ce soir-là huit bouteilles de Bordeaux tout en surveillant du coin de l'œil Eugène et le père Goriot. Lorsqu'enfin il les voit somnolents, il glisse dans l'oreille de son protégé cet avertissement railleur : on n'est pas encore assez rusé pour lutter avec papa Vautrin et personne n'a le pouvoir d'empêcher ce qu'il a résolu ! Décidément en verve, Vautrin invite Mme Vauquer au théâtre, sans se douter qu'il vient de signer sa perte : Mlle Michonneau, vexée qu'il l'ait appelée « Vénus du Père-Lachaise », est sortie, accompagnée de Poiret, pour se rendre dans les bureaux du chef de la police.]

Le lendemain devait prendre place parmi les jours les plus extraordinaires de l'histoire de la Maison Vauquer. Jusqu'alors l'événement le plus saillant de cette vie paisible avait été l'apparition météorique[1] de la fausse comtesse de l'Ambermesnil. Mais tout allait pâlir devant les péripéties de cette grande journée, de laquelle il serait éternellement question dans les conversations de madame Vauquer. D'abord Goriot et Eugène de Rastignac dormirent jusqu'à onze heures. Madame Vauquer, rentrée à minuit de la Gaîté[2], resta jusqu'à dix heures et demie au lit. Le long sommeil de Christophe, qui avait achevé le vin offert par Vautrin, causa des retards dans le service de la maison. Poiret et mademoiselle Michonneau ne se plaignirent pas de ce que le déjeuner se reculait. Quant à Victorine et à madame Couture, elles dormirent la grasse matinée. Vautrin sortit

Vocabulaire et nom propre

1. *Apparition météorique :* aussi rapide que le passage d'un corps céleste dans le ciel.

2. *La Gaîté :* théâtre de la Gaîté situé boulevard du Temple, où l'on joue des mélodrames et où Vautrin a emmené la veille madame Vauquer.

avant huit heures, et revint au moment même où le déjeuner fut servi. Personne ne réclama donc, lorsque, vers onze heures un quart, Sylvie et Christophe allèrent frapper à toutes les portes, en disant que le déjeuner attendait. Pendant que Sylvie et le domestique s'absentèrent, mademoiselle Michonneau, descendant la première, versa la liqueur dans le gobelet d'argent appartenant à Vautrin, et dans lequel la crème pour son café chauffait au bain-marie, parmi tous les autres. La vieille fille avait compté sur cette particularité de la pension pour faire son coup. Ce ne fut pas sans quelques difficultés que les sept pensionnaires se trouvèrent réunis. Au moment où Eugène, qui se détirait[1] les bras, descendait le dernier de tous, un commissionnaire lui remit une lettre de madame de Nucingen. Cette lettre était ainsi conçue :

« Je n'ai ni fausse vanité ni colère avec vous, mon ami. Je vous ai attendu jusqu'à deux heures après minuit. Attendre un être que l'on aime ! Qui a connu ce supplice ne l'impose à personne. Je vois bien que vous aimez pour la première fois. Qu'est-il donc arrivé ? L'inquiétude m'a prise. Si je n'avais craint de livrer les secrets de mon cœur, je serais allée savoir ce qui vous advenait d'heureux ou de malheureux. Mais sortir à cette heure, soit à pied, soit en voiture, n'était-ce pas se perdre ? J'ai senti le malheur d'être femme. Rassurez-moi, expliquez-moi pourquoi vous n'êtes pas venu, après ce que vous a dit mon père. Je me fâcherai, mais je vous pardonnerai. Êtes-vous malade ? pourquoi se loger si loin ? Un mot, de grâce. À bientôt, n'est-ce pas ? Un mot me suffira si vous êtes occupé. Dites : J'accours, ou je souffre. Mais si vous étiez mal portant, mon père serait venu me le dire ! Qu'est-il donc arrivé ?... »

« Oui, qu'est-il arrivé ? s'écria Eugène qui se précipita dans la salle à manger en froissant la lettre sans l'achever. Quelle heure est-il ?

– Onze heures et demie », dit Vautrin en sucrant son café.

Vocabulaire

1. *Se détirait* : s'étirait.

Le forçat évadé jeta sur Eugène le regard froidement fascinateur que certains hommes éminemment magnétiques ont le don de lancer, et qui, dit-on, calme les fous furieux dans les maisons d'aliénés. Eugène trembla de tous ses membres. Le bruit d'un fiacre se fit entendre dans la rue, et un domestique à la livrée de monsieur Taillefer, et que reconnut sur-le-champ madame Couture, entra précipitamment d'un air effaré.

« Mademoiselle, s'écria-t-il, monsieur votre père vous demande. Un grand malheur est arrivé. Monsieur Fréderic s'est battu en duel, il a reçu un coup d'épée dans le front, les médecins désespèrent de le sauver ; vous aurez à peine le temps de lui dire adieu, il n'a plus sa connaissance.

– Pauvre jeune homme ! s'écria Vautrin. Comment se querelle-t-on quand on a trente bonnes mille livres de rente ? Décidément la jeunesse ne sait pas se conduire.

– Monsieur ! lui cria Eugène.

– Eh bien ! quoi, grand enfant ? dit Vautrin en achevant de boire son café tranquillement, opération que mademoiselle Michonneau suivait de l'œil avec trop d'attention pour s'émouvoir de l'événement extraordinaire qui stupéfiait tout le monde. N'y a-t-il pas des duels tous les matins à Paris ?

– Je vais avec vous, Victorine », disait madame Couture.

Et ces deux femmes s'envolèrent sans châle ni chapeau. Avant de s'en aller, Victorine, les yeux en pleurs, jeta sur Eugène un regard qui lui disait : je ne croyais pas que notre bonheur dût me causer des larmes !

« Bah ! vous êtes donc prophète, monsieur Vautrin ? dit madame Vauquer.

– Je suis tout, dit Collin.

– C'est-y singulier ! reprit madame Vauquer en enfilant une suite de phrases insignifiantes sur cet événement. La mort nous prend sans nous consulter. Les jeunes gens s'en vont souvent avant les vieux. Nous sommes heureuses, nous autres femmes, de n'être pas sujettes au duel ;

mais nous avons d'autres maladies que n'ont pas les hommes. Nous faisons les enfants, et le mal de mère dure longtemps ! Quel quine[1] pour Victorine ! Son père est forcé de l'adopter.

– Voilà ! dit Vautrin en regardant Eugène, hier elle était sans un sou, ce matin elle est riche de plusieurs millions.

– Dites donc, monsieur Eugène, s'écria madame Vauquer, vous avez mis la main au bon endroit. »

À cette interpellation, le père Goriot regarda l'étudiant et lui vit à la main la lettre chiffonnée.

« Vous ne l'avez pas achevée ! qu'est-ce que cela veut dire ? seriez-vous comme les autres ? lui demanda-t-il.

– Madame, je n'épouserai jamais mademoiselle Victorine », dit Eugène en s'adressant à madame Vauquer avec un sentiment d'horreur et de dégoût qui surprit les assistants.

Le père Goriot saisit la main de l'étudiant et la lui serra. Il aurait voulu la baiser.

« Oh, oh ! fit Vautrin. Les Italiens ont un bon mot : *Col tempo*[2] !

– J'attends la réponse, dit à Rastignac le commissionnaire de madame de Nucingen.

– Dites que j'irai. »

L'homme s'en alla. Eugène était dans un violent état d'irritation qui ne lui permettait pas d'être prudent. « Que faire ? disait-il à haute voix, en se parlant à lui-même. Point de preuves ! »

Vautrin se mit à sourire. En ce moment la potion absorbée par l'estomac commençait à opérer. Néanmoins le forçat était si robuste qu'il se leva, regarda Rastignac, lui dit d'une voix creuse : « Jeune homme, le bien nous vient en dormant. »

Et il tomba raide mort.

Vocabulaire

1. *Quine :* terme utilisé dans les anciennes loteries pour désigner cinq numéros tous gagnants, donc une chance inespérée (familier).

2. *Col tempo :* avec le temps.

« Il y a donc une justice divine, dit Eugène.

– Eh bien ! qu'est-ce qui lui prend donc, à ce pauvre cher monsieur Vautrin ?

– Une apoplexie[1] », cria mademoiselle Michonneau.

[On transporte Vautrin dans sa chambre et chacun retourne à ses occupations. Mme Vauquer envoie Rastignac chercher Bianchon dont les connaissances en médecine peuvent s'avérer utiles. Le père Goriot, indifférent, part voir ses filles. Mme Couture et Victorine sont appelées d'urgence chez M. Taillefer. Mlle Michonneau, envoyant la patronne chercher de l'éther, profite des quelques minutes où elle est seule avec Poiret pour ôter la chemise du présumé forçat et constater la marque sur son épaule.

Bianchon part soigner Vautrin et Eugène se promène, seul face à ses démons : bouleversé par un crime dont il se sent complice malgré lui, troublé par cette fortune qui s'offre à lui, il voit en Delphine sa seule chance de salut et tente d'apaiser sa conscience : Delphine n'est-elle pas déjà séparée de son mari ? Et pourquoi cet Alsacien ne la céderait-il pas puisqu'il est incapable de la rendre heureuse ?]

Le combat de Rastignac dura longtemps. Quoique la victoire dût rester aux vertus de la jeunesse, il fut néanmoins ramené par une invincible curiosité sur les quatre heures et demie, à la nuit tombante, vers la Maison Vauquer, qu'il se jurait à lui-même de quitter pour toujours. Il voulait savoir si Vautrin était mort. Après avoir eu l'idée de lui administrer un vomitif, Bianchon avait fait porter à son hôpital les matières rendues par Vautrin, afin de les analyser chimiquement. En voyant l'insistance que mit mademoiselle Michonneau à vouloir les faire jeter, ses doutes se fortifièrent. Vautrin fut d'ailleurs trop promptement rétabli pour que Bianchon ne soupçonnât pas quelque complot contre le joyeux boute-en-train de la pension.

Vocabulaire

1. *Apoplexie :* hémorragie cérébrale causée par la rupture d'un vaisseau.

À l'heure où rentra Rastignac, Vautrin se trouvait donc debout près du poêle dans la salle à manger. Attirés plus tôt que de coutume par la nouvelle du duel de Taillefer le fils, les pensionnaires, curieux de connaître les détails de l'affaire et l'influence qu'elle avait eue sur la destinée de Victorine, étaient réunis, moins le père Goriot, et devisaient[1] de cette aventure. Quand Eugène entra, ses yeux rencontrèrent ceux de l'imperturbable Vautrin, dont le regard pénétra si avant dans son cœur et y remua si fortement quelques cordes mauvaises, qu'il en frissonna.

« Eh bien ! cher enfant, lui dit le forçat évadé, la Camuse[2] aura longtemps tort avec moi. J'ai, selon ces dames, soutenu victorieusement un coup de sang qui aurait dû tuer un bœuf.

– Ah ! vous pouvez bien dire un taureau, s'écria la veuve Vauquer.

– Seriez-vous donc fâché de me voir en vie ? dit Vautrin à l'oreille de Rastignac, dont il crut deviner les pensées. Ce serait d'un homme diantrement fort !

– Ah ! ma foi, dit Bianchon, mademoiselle Michonneau parlait avant-hier d'un monsieur surnommé *Trompe-la-Mort* ; ce nom-là vous irait bien. »

Ce mot produisit sur Vautrin l'effet de la foudre : il pâlit et chancela, son regard magnétique tomba comme un rayon de soleil sur mademoiselle Michonneau, à laquelle ce jet de volonté cassa les jarrets[3]. La vieille fille se laissa couler sur une chaise. Poiret s'avança vivement entre elle et Vautrin, comprenant qu'elle était en danger, tant la figure du forçat devint férocement significative en déposant le masque bénin[4] sous lequel se cachait sa vraie nature. Sans rien comprendre encore à ce drame, tous les pensionnaires restèrent ébahis. En ce moment, l'on entendit le pas de plusieurs hommes, et le bruit de quelques fusils que des soldats firent sonner sur le pavé de la rue.

Vocabulaire

1. *Devisaient :* échangeaient des propos.
2. *La Camuse :* la mort.
3. *Cassa les jarrets :* fit plier les jambes (le jarret est la pliure du genou).
4. *Bénin :* inoffensif.

Au moment où Collin cherchait machinalement une issue en regardant les fenêtres et les murs, quatre hommes se montrèrent à la porte du salon. Le premier était le chef de la police de sûreté, les trois autres étaient des officiers de paix.

« Au nom de la loi et du roi », dit un des officiers dont le discours fut couvert par un murmure d'étonnement.

Bientôt le silence régna dans la salle à manger, les pensionnaires se séparèrent pour livrer passage à trois de ces hommes qui tous avaient la main dans leur poche de côté et y tenaient un pistolet armé[1]. Deux gendarmes qui suivaient les agents occupèrent la porte du salon, et deux autres se montrèrent à celle qui sortait par l'escalier. Le pas et les fusils de plusieurs soldats retentirent sur le pavé caillouteux qui longeait la façade. Tout espoir de fuite fut donc interdit à Trompe-la-Mort, sur qui tous les regards s'arrêtèrent irrésistiblement. Le chef alla droit à lui, commença par lui donner sur la tête une tape si violemment appliquée qu'il fit sauter la perruque et rendit à la tête de Collin toute son horreur. Accompagnées de cheveux rouge brique et courts qui leur donnaient un épouvantable caractère de force mêlée de ruse, cette tête et cette face, en harmonie avec le buste, furent intelligemment illuminées comme si les feux de l'enfer les eussent éclairées. Chacun comprit tout Vautrin, son passé, son présent, son avenir, ses doctrines implacables, la religion de son bon plaisir, la royauté que lui donnaient le cynisme de ses pensées, de ses actes, et la force d'une organisation faite à tout. Le sang lui monta au visage, et ses yeux brillèrent comme ceux d'un chat sauvage. Il bondit sur lui-même par un mouvement empreint d'une si féroce énergie, il rugit si bien qu'il arracha des cris de terreur à tous les pensionnaires. À ce geste de lion, et s'appuyant de la clameur générale, les agents tirèrent leurs pistolets. Collin comprit son danger en voyant briller le chien[2]

Vocabulaire

1. *Pistolet armé* : prêt à tirer.

2. *Chien* : pièce métallique qui provoque la mise à feu.

de chaque arme, et donna tout à coup la preuve de la plus haute puissance humaine. Horrible et majestueux spectacle ! sa physionomie présenta un phénomène qui ne peut être comparé qu'à celui de la chaudière pleine de cette vapeur fumeuse qui soulèverait des montagnes, et que dissout en un clin d'œil une goutte d'eau froide. La goutte d'eau qui froidit sa rage fut une réflexion rapide comme un éclair. Il se mit à sourire et regarda sa perruque.

« Tu n'es pas dans tes jours de politesse, dit-il au chef de la police de sûreté. Et il tendit ses mains aux gendarmes en les appelant par un signe de tête. Messieurs les gendarmes, mettez-moi les menottes ou les poucettes. Je prends à témoin les personnes présentes que je ne résiste pas. » Un murmure admiratif, arraché par la promptitude avec laquelle la lave et le feu sortirent et rentrèrent dans ce volcan humain, retentit dans la salle. « Ça te la coupe, monsieur l'enfonceur, reprit le forçat en regardant le célèbre directeur de la police judiciaire.

– Allons, qu'on se déshabille, lui dit l'homme de la petite rue Sainte-Anne[1] d'un air plein de mépris.

– Pourquoi ? dit Collin, il y a des dames. Je ne nie rien, et je me rends. »

Il fit une pause, et regarda l'assemblée comme un orateur qui va dire des choses surprenantes.

« Écrivez, papa Lachapelle, dit-il en s'adressant à un petit vieillard en cheveux blancs qui s'était assis au bout de la table après avoir tiré d'un portefeuille le procès-verbal de l'arrestation. Je reconnais être Jacques Collin, dit Trompe-la-Mort, condamné à vingt ans de fers[2] ; et je viens de prouver que je n'ai pas volé mon surnom. Si j'avais seulement levé la main, dit-il aux pensionnaires, ces trois mouchards-là

Vocabulaire

1. *L'homme [...] Sainte-Anne :* périphrase ironique pour désigner le chef de la sûreté. La petite rue Sainte-Anne (ou rue de l'Èbre), aujourd'hui disparue, reliait la rue de la Santé à la rue de la Glacière ; Balzac fait allusion à la prison de la Santé où le chef de la sûreté fait envoyer les gens.

2. *Fers :* chaînes qui entravent les mouvements des forçats. Par métonymie, signifie le bagne.

répandaient tout *mon raisiné*[1] sur le *trimar*[2] domestique de maman Vauquer. Ces drôles se mêlent de combiner des guet-apens ! »

Madame Vauquer se trouva mal en entendant ces mots. « Mon Dieu ! c'est à en faire une maladie, moi qui étais hier à la Gaîté avec lui, dit-elle à Sylvie.

– De la philosophie, maman, reprit Collin. Est-ce un malheur d'être allée dans ma loge hier, à la Gaîté ? s'écria-t-il. Êtes-vous meilleure que nous ? Nous avons moins d'infamie sur l'épaule[3] que vous n'en avez dans le cœur, membres flasques d'une société gangrenée : le meilleur d'entre vous ne me résistait pas. » Ses yeux s'arrêtèrent sur Rastignac, auquel il adressa un sourire gracieux qui contrastait singulièrement avec la rude expression de sa figure. « Notre marché va toujours, mon ange, en cas d'acceptation, toutefois ! Vous savez ? » Il chanta :

Ma Fanchette est charmante
Dans sa simplicité.

« Ne soyez pas embarrassé, reprit-il, je sais faire mes recouvrements. L'on me craint trop pour me *flouer*, moi ! »

Le bagne avec ses mœurs et son langage, avec ses brusques transitions du plaisant à l'horrible, son épouvantable grandeur, sa familiarité, sa bassesse, fut tout à coup représenté dans cette interpellation et par cet homme, qui ne fut plus un homme, mais le type de toute une nation dégénérée, d'un peuple sauvage et logique, brutal et souple. En un moment Collin devint un poème infernal où se peignirent tous les sentiments humains, moins un seul, celui du repentir. Son regard était celui de l'archange déchu[4] qui veut toujours la guerre. Rastignac baissa les yeux en acceptant ce cousinage criminel comme une expiation de ses mauvaises pensées.

Vocabulaire

1. *Raisiné :* sang en argot.
2. *Trimar :* sol en argot.
3. *Infamie sur l'épaule :* allusion à la marque imprimée au fer rouge sur l'épaule d'un forçat.
4. *Archange déchu :* Lucifer, ange chassé du ciel et devenu Satan, le diable.

« Qui m'a trahi ? » dit Collin en promenant son terrible regard sur l'assemblée. Et l'arrêtant sur mademoiselle Michonneau : « C'est toi, lui dit-il, vieille cagnotte[1] ! tu m'as donné un faux coup de sang, curieuse ! En disant deux mots, je pourrais te faire scier le cou dans huit jours. Je te pardonne, je suis chrétien. D'ailleurs, ce n'est pas toi qui m'as vendu. Mais qui ? Ah ! ah ! vous fouillez là-haut, s'écria-t-il en entendant les officiers de la police judiciaire qui ouvraient ses armoires et s'emparaient de ses effets. Dénichés les oiseaux, envolés d'hier. Et vous ne saurez rien. Mes livres de commerce sont là, dit-il en se frappant le front. Je sais qui m'a vendu maintenant. Ce ne peut être que ce gredin de Fil-de-Soie. Pas vrai, père l'empoigneur ? dit-il au chef de police. Ça s'accorde trop bien avec le séjour de nos billets de banque là-haut. Plus rien, mes petits mouchards[2]. Quant à Fil-de-Soie, il sera *terré*[3] sous quinze jours, lors même que vous le feriez garder par toute votre gendarmerie. Que lui avez-vous donné, à cette Michonnette ? dit-il aux gens de la police, quelque millier d'écus ? Je valais mieux que ça, Ninon cariée[4], Pompadour[5] en loques, Vénus du Père-Lachaise. Si tu m'avais prévenu, tu aurais eu six mille francs. Ah ! tu ne t'en doutais pas, vieille vendeuse de chair, sans quoi j'aurais eu la préférence. Oui, je les aurais donnés pour éviter un voyage qui me contrarie et qui me fait perdre de l'argent, disait-il pendant qu'on lui mettait les menottes. Ces gens-là vont se faire un plaisir de me traîner un temps infini pour m'*otolondrer*[6]. S'ils m'envoyaient tout de suite au bagne, je serais bientôt rendu à mes occupations, malgré nos petits badauds du quai des Orfèvres[7]. Là-bas, ils vont tous se mettre l'âme à l'envers pour faire évader

Vocabulaire et noms propres

1. *Cagnotte :* jeu de mot sur « cagne », mot injurieux (chienne) et « cagnotte », réceptacle à argent.
2. *Mouchards :* police en argot.
3. *Terré :* tué en argot.
4. *Ninon cariée :* allusion à Ninon de Lenclos (1620-1705), célèbre courtisane du siècle de Louis XIV.
5. *Pompadour :* maîtresse en titre de Louis XV.
6. *M'otolondrer :* m'ennuyer en argot.
7. *Nos petits badauds du quai des Orfèvres :* la police dont le siège se trouve quai des Orfèvres.

leur général, ce bon Trompe-la-Mort ! Y a-t-il un de vous qui soit, comme moi, riche de plus de dix mille frères prêts à tout faire pour vous ? demanda-t-il avec fierté. Il y a du bon là, dit-il en se frappant le cœur ; je n'ai jamais trahi personne ! Tiens, cagnotte, vois-les, dit-il en s'adressant à la vieille fille. Ils me regardent avec terreur, mais toi tu leur soulèves le cœur de dégoût. Ramasse ton lot. Il fit une pause en contemplant les pensionnaires. Êtes-vous bêtes, vous autres ! n'avez-vous jamais vu de forçat ? Un forçat de la trempe de Collin, ici présent, est un homme moins lâche que les autres, et qui proteste contre les profondes déceptions du contrat social[1], comme dit Jean-Jacques, dont je me glorifie d'être l'élève. Enfin, je suis seul contre le gouvernement avec son tas de tribunaux, de gendarmes, de budgets, et je les roule.

– Diantre ! dit le peintre, il est fameusement beau à dessiner.

– Dis-moi, menin[2] de monseigneur le bourreau, gouverneur de la *Veuve* (nom plein de terrible poésie que les forçats donnent à la guillotine), ajouta-t-il en se tournant vers le chef de la police de sûreté, sois bon enfant, dis-moi si c'est Fil-de-Soie qui m'a vendu ! Je ne voudrais pas qu'il payât pour un autre, ce ne serait pas juste. »

En ce moment les agents qui avaient tout ouvert et tout inventorié chez lui rentrèrent et parlèrent à voix basse au chef de l'expédition. Le procès-verbal était fini.

« Messieurs, dit Collin en s'adressant aux pensionnaires, ils vont m'emmener. Vous avez été tous très aimables pour moi pendant mon séjour ici, j'en aurai de la reconnaissance. Recevez mes adieux. Vous me permettrez de vous envoyer des figues de Provence[3]. Il fit quelques pas, et se retourna pour regarder Rastignac. Adieu, Eugène,

Vocabulaire et noms propres

1. *Contrat social :* allusion à Jean-Jacques Rousseau (1712-1778) qui, dans un ouvrage du même nom, analyse les conditions d'une société juste.

2. *Menin :* page.

3. *Provence :* région de France qui accueille le bagne de Toulon.

dit-il d'une voix douce et triste qui contrastait singulièrement avec le ton brusque de ses discours. Si tu étais gêné, je t'ai laissé un ami dévoué. Malgré ses menottes, il put se mettre en garde, fit un appel de maître d'armes[1], cria : Une, deux ! et se fendit. En cas de malheur, adresse-toi là ! Homme et argent, tu peux disposer de tout ! »

Ce singulier personnage mit assez de bouffonnerie dans ces dernières paroles pour qu'elles ne pussent être comprises que de Rastignac et de lui. Quand la maison fut évacuée par les gendarmes, par les soldats et par les agents de la police, Sylvie, qui frottait de vinaigre les tempes de sa maîtresse, regarda les pensionnaires étonnés.

« Eh bien ! dit-elle, c'était un bon homme tout de même. »

[Écœurés, les pensionnaires menacent de quitter la pension si Mlle Michonneau y reste un jour de plus. Mme Vauquer la renvoie donc à contrecœur. Menaçant de rejoindre l'établissement concurrent, la demoiselle part en faisant signe à Poiret de la suivre. À ce moment, un commissionnaire vient chercher les effets de Victorine Taillefer qui logera désormais chez son père en compagnie de sa parente. Et Goriot, rayonnant, vient enlever Rastignac pour le conduire dans son nouvel appartement où Delphine les attend pour dîner.

Voyant la gêne de l'étudiant, Goriot explique que c'est à lui qu'il doit son établissement et non à sa fille. Il a vendu ses rentes perpétuelles[2], obtenu de quoi honorer toutes les factures, et il lui reste une rente viagère[3] de douze cents francs. Il a de quoi payer son loyer et s'assurer le nécessaire.

Vocabulaire

1. *Fit un appel de maître d'armes [...] se fendit :* ce vocabulaire de l'escrime a pour but de faire comprendre à Eugène que l'ami dévoué n'est autre que Franchessini, organisateur du duel contre le fils Taillefer.

2. *Rentes perpétuelles :* rentes transmissibles aux héritiers.

3. *Rente viagère :* pension payable à vie en échange d'un capital qui sera perdu pour les héritiers.

D'ailleurs, la joie de sa fille, le plaisir de la voir et de dîner à trois ne le dédommagent-ils pas largement ? Au cours de la soirée, l'égoïsme de la jeunesse s'éveille déjà : Delphine confie à Eugène que ce sera bien gênant d'avoir son père toujours avec eux ; quant à Eugène, il ne peut réprimer une certaine jalousie devant les démonstrations de tendresse excessives de Goriot. À minuit, les deux hommes retournent à la pension où ils annoncent leur prochain départ. Pour Mme Vauquer c'est le coup de grâce : tous ses pensionnaires perdus en une journée ! Elle en deviendra folle. Le lendemain, Eugène reçoit de Mme de Beauséant une invitation à transmettre à Mme de Nucingen pour le bal qu'elle organise.]

Il alla promptement chez Delphine, heureux d'avoir à lui procurer une joie dont il recevrait sans doute le prix. Madame de Nucingen était au bain. Rastignac attendit dans le boudoir, en butte[1] aux impatiences naturelles à un jeune homme ardent et pressé de prendre possession d'une maîtresse, l'objet de deux ans de désirs. [...] Ses derniers scrupules avaient disparu la veille, quand il s'était vu dans son appartement. En jouissant des avantages matériels de la fortune, comme il jouissait depuis longtemps des avantages moraux que donne la naissance, il avait dépouillé sa peau d'homme de province, et s'était doucement établi dans une position d'où il découvrait un bel avenir. Aussi, en attendant Delphine, mollement assis dans ce joli boudoir qui devenait un peu le sien, se voyait-il si loin du Rastignac venu l'année dernière à Paris, qu'en le lorgnant par un effet d'optique morale, il se demandait s'il se ressemblait en ce moment à lui-même.

« Madame est dans sa chambre », vint lui dire Thérèse qui le fit tressaillir.

Vocabulaire
1. *En butte :* en proie.

Il trouva Delphine étendue sur sa causeuse[1], au coin du feu, fraîche, reposée. À la voir ainsi étalée sur des flots de mousseline, il était impossible de ne pas la comparer à ces belles plantes de l'Inde dont le fruit vient dans la fleur.

« Eh bien ! nous voilà, dit-elle avec émotion.

– Devinez ce que je vous apporte », dit Eugène en s'asseyant près d'elle et lui prenant le bras pour lui baiser la main.

Madame de Nucingen fit un mouvement de joie en lisant l'invitation. Elle tourna sur Eugène ses yeux mouillés, et lui jeta ses bras au cou pour l'attirer à elle dans un délire de satisfaction vaniteuse.

« Et c'est vous (toi, lui dit-elle à l'oreille ; mais Thérèse est dans mon cabinet de toilette, soyons prudents !), vous à qui je dois ce bonheur ? Oui, j'ose appeler cela un bonheur. Obtenu par vous, n'est-ce pas plus qu'un triomphe d'amour-propre ? Personne ne m'a voulu présenter dans ce monde. Vous me trouverez peut-être en ce moment petite, frivole, légère comme une Parisienne mais pensez, mon ami, que je suis prête à tout vous sacrifier, et que, si je souhaite plus ardemment que jamais d'aller dans le faubourg Saint-Germain, c'est que vous y êtes.

– Ne pensez-vous pas, dit Eugène, que madame de Beauséant a l'air de nous dire qu'elle ne compte pas voir le baron de Nucingen à son bal ?

– Mais oui, dit la baronne en rendant la lettre à Eugène. Ces femmes-là ont le génie de l'impertinence. Mais n'importe, j'irai. Ma sœur doit s'y trouver, je sais qu'elle prépare une toilette délicieuse. Eugène, reprit-elle à voix basse, elle y va pour dissiper d'affreux soupçons. Vous ne savez pas les bruits qui courent sur elle ? Nucingen est venu me dire ce matin qu'on en parlait hier au Cercle[2] sans se gêner. À quoi tient, mon Dieu ! l'honneur des femmes et des familles !

Vocabulaire

1. *Causeuse :* petit canapé à deux places adapté à la conversation.

2. *Cercle :* club.

Je me suis sentie attaquée, blessée dans ma pauvre sœur. Selon certaines personnes, monsieur de Trailles aurait souscrit des lettres de change montant à cent mille francs, presque toutes échues, et pour lesquelles il allait être poursuivi. Dans cette extrémité, ma sœur aurait vendu ses diamants à un juif, ces beaux diamants que vous avez pu lui voir, et qui viennent de madame de Restaud la mère. Enfin, depuis deux jours, il n'est question que de cela. Je conçois alors qu'Anastasie se fasse faire une robe lamée, et veuille attirer sur elle tous les regards chez madame de Beauséant, en y paraissant dans tout son éclat et avec ses diamants. Mais je ne veux pas être au-dessous d'elle. Elle a toujours cherché à m'écraser, elle n'a jamais été bonne pour moi, qui lui rendais tant de services, qui avais toujours de l'argent pour elle quand elle n'en avait pas. Mais laissons le monde, aujourd'hui je veux être tout heureuse. »

Rastignac était encore à une heure du matin chez madame de Nucingen qui, en lui prodiguant l'adieu des amants, cet adieu plein de joies à venir, lui dit avec une expression de mélancolie : « Je suis si peureuse, si superstitieuse, donnez à mes pressentiments le nom qu'il vous plaira, que je tremble de payer mon bonheur par quelque affreuse catastrophe.

– Enfant, dit Eugène.

– Ah ! c'est moi qui suis l'enfant ce soir », dit-elle en riant.

Eugène revint à la Maison Vauquer avec la certitude de la quitter le lendemain, il s'abandonna donc pendant la route à ces jolis rêves que font tous les jeunes gens quand ils ont encore sur les lèvres le goût du bonheur.

« Eh bien ? lui dit le père Goriot quand Rastignac passa devant sa porte.

– Eh bien ! répondit Eugène, je vous dirai tout demain.

– Tout, n'est-ce pas ? cria le bonhomme. Couchez-vous. Nous allons commencer demain notre vie heureuse. »

La mort du père

Le lendemain, Goriot et Rastignac n'attendaient plus que le bon vouloir d'un commissionnaire pour partir de la pension bourgeoise, quand vers midi le bruit d'un équipage qui s'arrêtait précisément à la porte de la Maison Vauquer retentit dans la rue Neuve-Sainte-Geneviève. Madame de Nucingen descendit de sa voiture, demanda si son père était encore à la pension. Sur la réponse affirmative de Sylvie, elle monta lestement l'escalier. Eugène se trouvait chez lui sans que son voisin le sût. Il avait, en déjeunant, prié le père Goriot d'emporter ses effets, en lui disant qu'ils se retrouveraient à quatre heures rue d'Artois. Mais, pendant que le bonhomme avait été chercher des porteurs, Eugène, ayant promptement répondu à l'appel de l'école, était revenu sans que personne l'eût aperçu, pour compter avec madame Vauquer, ne voulant pas laisser cette charge à Goriot, qui, dans son fanatisme, aurait sans doute payé pour lui. L'hôtesse était sortie, Eugène remonta chez lui pour voir s'il n'y oubliait rien, et s'applaudit d'avoir eu cette pensée en voyant dans le tiroir de sa table l'acceptation en blanc[1], souscrite à Vautrin, qu'il avait insouciamment jetée là le jour où il l'avait acquittée. N'ayant pas de feu, il allait la déchirer en petits morceaux quand, en reconnaissant la voix de Delphine, il ne voulut faire aucun bruit, et s'arrêta pour l'entendre, en pensant qu'elle ne devait avoir aucun secret pour lui. Puis, dès les premiers mots, il trouva la conversation entre le père et la fille trop intéressante pour ne pas l'écouter.

« Ah ! mon père, dit-elle, plaise au ciel que vous ayez eu l'idée de demander compte de ma fortune assez à temps pour que je ne sois pas ruinée ! Puis-je-parler ?

Vocabulaire

1. *En blanc* : pas signée.

– Oui, la maison est vide, dit le père Goriot d'une voix altérée.

– Qu'avez-vous donc, mon père ? reprit madame de Nucingen.

– Tu viens, répondit le vieillard, de me donner un coup de hache sur la tête. Dieu te pardonne, mon enfant ! Tu ne sais pas combien je t'aime ; si tu l'avais su, tu ne m'aurais pas dit brusquement de semblables choses, surtout si rien n'est désespéré. Qu'est-il donc arrivé de si pressant pour que tu sois venue me chercher ici quand dans quelques instants nous allions être rue d'Artois ?

– Eh ! mon père, est-on maître de son premier mouvement dans une catastrophe ? je suis folle ! Votre avoué nous a fait découvrir un peu plus tôt le malheur qui sans doute éclatera plus tard. Votre vieille expérience commerciale va nous devenir nécessaire et je suis accourue vous chercher comme on s'accroche à une branche quand on se noie. Lorsque monsieur Derville a vu Nucingen lui opposer mille chicanes[1], il l'a menacé d'un procès en lui disant que l'autorisation du président du tribunal serait promptement obtenue. Nucingen est venu ce matin chez moi pour me demander si je voulais sa ruine et la mienne. Je lui ai répondu que je ne me connaissais à rien de tout cela, que j'avais une fortune, que je devais être en possession de ma fortune, et que tout ce qui avait rapport à ce démêlé regardait mon avoué[2], que j'étais de la dernière ignorance et dans l'impossibilité de rien entendre à ce sujet. N'était-ce pas ce que vous m'aviez recommandé de dire ?

– Bien, répondit le père Goriot.

– Eh bien ! reprit Delphine, il m'a mise au fait de ses affaires. Il a jeté tous ses capitaux et les miens dans des entreprises à peine commencées, et pour lesquelles il a fallu mettre de grandes sommes en dehors. Si je le forçais à me représenter ma dot, il serait obligé de déposer son bilan ; tandis que, si je veux attendre un an, il s'engage sur l'honneur à me rendre une fortune double ou triple de la mienne

Vocabulaire

1. *Chicanes :* objections de mauvaise foi destinées à faire traîner une procédure.

2. *Mon avoué :* mon avocat.

en plaçant mes capitaux dans des opérations territoriales à la fin desquelles je serai maîtresse de tous les biens. Mon cher père, il était sincère, il m'a effrayée. Il m'a demandé pardon de sa conduite, il m'a rendu ma liberté, m'a permis de me conduire à ma guise, à la condition de le laisser entièrement maître de gérer les affaires sous mon nom. Il m'a promis, pour me prouver sa bonne foi, d'appeler monsieur Derville toutes les fois que je le voudrais pour juger si les actes en vertu desquels il m'instituerait propriétaire seraient convenablement rédigés. Enfin il s'est remis entre mes mains pieds et poings liés. Il demande encore pendant deux ans la conduite de la maison, et m'a suppliée de ne rien dépenser pour moi de plus qu'il ne m'accorde. Il m'a prouvé que tout ce qu'il pouvait faire était de conserver les apparences, qu'il avait renvoyé sa danseuse, et qu'il allait être contraint à la plus stricte mais à la plus sourde économie, afin d'atteindre au terme de ses spéculations sans altérer son crédit. Je l'ai malmené, j'ai tout mis en doute afin de le pousser à bout et d'en apprendre davantage : il m'a montré ses livres, enfin il a pleuré. Je n'ai jamais vu d'homme en pareil état. Il avait perdu la tête, il parlait de se tuer, il délirait. Il m'a fait pitié.

– Et tu crois à ces sornettes ! s'écria le père Goriot. C'est un comédien ! J'ai rencontré des Allemands en affaires : ces gens-là sont presque tous de bonne foi, pleins de candeur ; mais, quand, sous leur air de franchise et de bonhomie, ils se mettent à être malins et charlatans, ils le sont alors plus que les autres. Ton mari t'abuse[1]. Il se sent serré de près, il fait le mort, il veut rester plus maître sous ton nom qu'il ne l'est sous le sien. Il va profiter de cette circonstance pour se mettre à l'abri des chances[2] de son commerce. Il est aussi fin que perfide[3] ; c'est un mauvais gars. [...] Que nous chante-t-il donc, cette grosse souche d'Alsacien ? Delphine, ne fais pas une concession

Vocabulaire

1. *T'abuse :* te trompe.
2. *Des chances :* des risques.
3. *Perfide :* faux, déloyal.

d'un quart de liard à cette grosse bête, qui t'a mise à la chaîne et t'a rendue malheureuse. S'il a besoin de toi, nous le tricoterons ferme, et nous le ferons marcher droit. Mon Dieu ! j'ai la tête en feu ! j'ai dans le crâne quelque chose qui me brûle. Ma Delphine sur la paille ! Oh ! ma Fifine, toi ! Sapristi ! où sont mes gants ? Allons ! partons, je veux aller tout voir, les livres, les affaires, la caisse, la correspondance, à l'instant. Je ne serai calme que quand il me sera prouvé que ta fortune ne court plus de risques, et que je la verrai de mes yeux.

– Mon cher père ! allez-y prudemment. Si vous mettiez la moindre velléité de vengeance en cette affaire, et si vous montriez des intentions trop hostiles, je serais perdue. Il vous connaît, il a trouvé tout naturel que, sous votre inspiration, je m'inquiétasse de ma fortune ; mais, je vous le jure, il la tient en ses mains, et a voulu la tenir. Il est homme à s'enfuir avec tous les capitaux, et à nous laisser là, le scélérat ! Il sait bien que je ne déshonorerai pas moi-même le nom que je porte en le poursuivant. Il est à la fois fort et faible. J'ai bien tout examiné. Si nous le poussons à bout, je suis ruinée.

– Mais c'est donc un fripon ?

– Eh bien ! oui, mon père, dit-elle en se jetant sur une chaise en pleurant. Je ne voulais pas vous l'avouer pour vous épargner le chagrin de m'avoir mariée à un homme de cette espèce-là ! [...] Il m'achète ma conscience et la paye en me laissant être à mon aise la femme d'Eugène. « Je te permets de commettre des fautes, laisse-moi faire des crimes en ruinant de pauvres gens ! » Ce langage est-il encore assez clair ? Savez-vous ce qu'il nomme faire des opérations ? Il achète des terrains nus sous son nom, puis il y fait bâtir des maisons par des hommes de paille[1]. Ces hommes concluent les marchés pour les bâtisses avec tous les entrepreneurs, qu'ils payent en effets à longs termes, et consentent, moyennant une légère somme, à donner

Vocabulaire

1. *Hommes de paille :* nom donné aux personnes qui acceptent de prêter leur nom pour cacher l'identité du responsable dans des affaires plus ou moins louches.

quittance à mon mari, qui est alors possesseur des maisons, tandis que ces hommes s'acquittent avec les entrepreneurs dupés en faisant faillite. Le nom de la maison Nucingen a servi à éblouir les pauvres constructeurs. J'ai compris cela. J'ai compris aussi que, pour prouver, en cas de besoin, le paiement de sommes énormes, Nucingen a envoyé des valeurs considérables à Amsterdam, à Londres, à Naples, à Vienne. Comment les saisirions-nous ?

[Préférant manœuvrer elle-même son mari, Delphine demande à son père de limiter son intervention à un examen des comptes. Puis elle demande à voir la chambre d'Eugène, mais l'arrivée de sa sœur l'en empêche. En proie à la plus vive agitation, Anastasie de Restaud annonce à son tour qu'elle est perdue : pour acquitter les dettes de son amant, elle a vendu des diamants appartenant à la mère de son mari. Le comte l'a su, a demandé s'il avait des enfants à lui et exigé qu'elle lui signe la vente de ses biens. Le père Goriot, à demi fou, veut enlever au comte son seul enfant légitime pour obliger à capituler. Mais un malheur plus pressant menace : la vente des diamants n'a pas couvert les dettes ; à moins de trouver douze mille francs, Maxime risque la prison. Hélas, le père Goriot n'a plus rien ! Ses derniers capitaux ont été vendus pour payer l'établissement de Rastignac. Cette révélation entraîne une violente dispute au cours de laquelle les deux sœurs se jettent à la tête leurs folies respectives et leurs méchancetés. Goriot est au supplice. Eugène, qui de sa chambre a tout entendu, arrive, tenant à la main la lettre de change souscrite auprès de Vautrin dont il a corrigé le montant.]

« Voici tout votre argent, madame, dit-il en présentant le papier. Je dormais, votre conversation m'a réveillé, j'ai pu savoir ainsi ce que je devais à monsieur Goriot. En voici le titre que vous pouvez négocier, je l'acquitterai fidèlement. »

La comtesse, immobile, tenait le papier.

« Delphine, dit-elle pâle et tremblante de colère, de fureur, de rage, je te pardonnais tout, Dieu m'en est témoin, mais ceci ! Comment, monsieur était là, tu le savais ! tu as eu la petitesse de te venger en me laissant lui livrer mes secrets, ma vie, celle de mes enfants, ma honte, mon honneur ! Va, tu ne m'es plus de rien, je te hais, je te ferai tout le mal possible, je... La colère lui coupa la parole, et son gosier se sécha.

– Mais c'est mon fils, notre enfant, ton frère, ton sauveur, criait le père Goriot. Embrasse-le donc, Nasie ! Tiens, moi je l'embrasse, reprit-il en serrant Eugène avec une sorte de fureur. Oh ! mon enfant ! je serai plus qu'un père pour toi, je veux être une famille. Je voudrais être Dieu, je te jetterais l'univers aux pieds. Mais, baise-le donc, Nasie ! ce n'est pas un homme, mais un ange, un véritable ange !

– Laissez-la, mon père, elle est folle en ce moment, dit Delphine.

– Folle ! folle ! Et toi, qu'es-tu ? demanda madame de Restaud.

– Mes enfants, je meurs si vous continuez », cria le vieillard en tombant sur son lit comme frappé par une balle. « Elles me tuent ! » se dit-il.

La comtesse regarda Eugène, qui restait immobile, abasourdi par la violence de cette scène. « Monsieur », lui dit-elle en l'interrogeant du geste, de la voix et du regard, sans faire attention à son père dont le gilet fut rapidement défait par Delphine.

« Madame, je paierai et je me tairai, répondit-il sans attendre la question.

– Tu as tué notre père, Nasie ! dit Delphine en montrant le vieillard évanoui à sa sœur, qui se sauva.

– Je lui pardonne bien, dit le bonhomme en ouvrant les yeux, sa situation est épouvantable et tournerait une meilleure tête. Console Nasie, sois douce pour elle, promets-le à ton pauvre père, qui se meurt, demanda-t-il à Delphine en lui pressant la main.

– Mais qu'avez-vous ? dit-elle tout effrayée.

– Rien, rien, répondit le père, ça se passera. J'ai quelque chose qui me presse le front, une migraine. Pauvre Nasie, quel avenir ! »

En ce moment la comtesse rentra, se jeta aux genoux de son père : « Pardon ! cria-t-elle.

– Allons, dit le père Goriot, tu me fais encore plus de mal maintenant.

– Monsieur, dit la comtesse à Rastignac, les yeux baignés de larmes, la douleur m'a rendue injuste. Vous serez un frère pour moi ? reprit-elle en lui tendant la main.

– Nasie, lui dit Delphine en la serrant, ma petite Nasie, oublions tout.

– Non, dit-elle, je m'en souviendrai, moi !

– Les anges, s'écria le père Goriot, vous m'enlevez le rideau que j'avais sur les yeux, votre voix me ranime. Embrassez-vous donc encore. Eh bien ! Nasie, cette lettre de change te sauvera-t-elle ?

– Je l'espère. Dites donc, papa, voulez-vous y mettre votre signature ?

– Tiens, suis-je bête, moi, d'oublier ça ! Mais je me suis trouvé mal. Nasie, ne m'en veux pas. Envoie-moi dire que tu es hors de peine. Non, j'irai. Mais non, je n'irai pas, je ne puis plus voir ton mari, je le tuerais net. Quant à dénaturer tes biens, je serai là. Va vite, mon enfant, et fais que Maxime devienne sage. »

Eugène était stupéfait.

« Cette pauvre Anastasie a toujours été violente, dit madame de Nucingen, mais elle a bon cœur.

– Elle est revenue pour l'endos[1], dit Eugène à l'oreille de Delphine.

– Vous croyez ?

Vocabulaire

1. *L'endos :* la signature.

– Je voudrais ne pas le croire. Méfiez-vous d'elle », répondit-il en levant les yeux comme pour confier à Dieu des pensées qu'il n'osait exprimer.

[Le soir, aux Italiens, Eugène donne à Delphine des nouvelles alarmantes de son père. La jeune femme balaie ses craintes et lui annonce une nouvelle autrement palpitante : sait-il que le lendemain, jour où Mme de Beauséant donne son bal, le mariage du marquis d'Ajuda-Pinto sera rendu officiel ! Et chacun brûle de voir comment la vicomtesse va soutenir ce coup qu'elle n'attend pas ! Delphine savoure la chance qu'elle a de partager cet événement mondain. Eugène ne rentre à la pension que le lendemain soir. L'état du père Goriot s'est aggravé après qu'il est sorti vendre des objets. Le vieillard confesse qu'Anastasie est venue demander mille écus pour payer sa robe de bal. La nuit et le jour suivant, Rastignac et Bianchon se relaient pour le soigner. Le soir, à huit heures et demie, ayant reçu l'assurance que la mort n'est pas imminente, Eugène part rejoindre Delphine qui s'impatiente. Suffisamment lucide pour mesurer l'égoïsme de la jeune femme, Rastignac n'a cependant pas le courage de lui déplaire en l'obligeant à passer voir son père. Dans la voiture qui les conduit chez Mme de Beauséant, Delphine promet qu'elle ira le voir après le bal.]

Les lanternes de cinq cents voitures éclairaient les abords de l'hôtel de Beauséant. De chaque côté de la porte illuminée piaffait[1] un gendarme. Le grand monde affluait si abondamment, et chacun mettait tant d'empressement à voir cette grande femme au moment de sa chute, que les appartements, situés au rez-de-chaussée de l'hôtel, étaient déjà pleins quand madame de Nucingen et Rastignac

Vocabulaire

1. *Piaffait :* trépignait d'impatience comme un cheval qui piétine le sol.

s'y présentèrent. Depuis le moment où toute la cour se rua chez la grande Mademoiselle[1] à qui Louis XIV arrachait son amant, nul désastre de cœur ne fut plus éclatant que ne l'était celui de madame de Beauséant. En cette circonstance, la dernière fille de la quasi royale maison de Bourgogne[2] se montra supérieure à son mal, et domina jusqu'à son dernier moment le monde dont elle n'avait accepté les vanités que pour les faire servir au triomphe de sa passion. Les plus belles femmes de Paris animaient les salons de leurs toilettes et de leurs sourires. Les hommes les plus distingués de la cour, les ambassadeurs, les ministres, les gens illustrés en tout genre, chamarrés[3] de croix, de plaques, de cordons multicolores, se pressaient autour de la vicomtesse. L'orchestre faisait résonner les motifs de sa musique sous les lambris dorés de ce palais, désert pour sa reine. Madame de Beauséant se tenait debout devant son premier salon pour recevoir ses prétendus amis. Vêtue de blanc, sans aucun ornement dans ses cheveux simplement nattés, elle semblait calme, et n'affichait ni douleur, ni fierté, ni fausse joie. Personne ne pouvait lire dans son âme. Vous eussiez dit d'une Niobé[4] de marbre. Son sourire à ses intimes amis fut parfois railleur ; mais elle parut à tous semblable à elle-même, et se montra si bien ce qu'elle était quand le bonheur la parait de ses rayons, que les plus insensibles l'admirèrent, comme les jeunes Romaines applaudissaient le gladiateur qui savait sourire en expirant. Le monde semblait s'être paré pour faire ses adieux à l'une de ses souveraines.

Vocabulaire et noms propres

1. *La grande Mademoiselle :* Mademoiselle de Montpensier. Fille du frère de Louis XIII ; amoureuse de Lauzun, elle obtient de Louis XIV le consentement à son mariage mais le monarque, se ravisant, exigea la séparation des amants.

2. *La dernière fille de la quasi royale maison de Bourgogne :* des ducs de Bourgogne ont été rois à l'époque des Capétiens et des Valois. Madame de Beauséant n'est qu'un personnage de fiction mais ce titre a pour fonction de la valoriser et de donner l'illusion du réel.

3. *Chamarrés :* décorés.

4. *Niobé :* personnage mythologique. Victime d'une vengeance d'Apollon et d'Artémis, elle perd tous ses enfants avant d'être métamorphosée en colonne de pierre.

« Je tremblais que vous ne vinssiez pas, dit-elle à Rastignac.

– Madame, répondit-il d'une voix émue en prenant ce mot pour un reproche, je suis venu pour rester le dernier.

– Bien, dit-elle en lui prenant la main. Vous êtes peut-être ici le seul auquel je puisse me fier[1]. Mon ami, aimez une femme que vous puissiez aimer toujours. N'en abandonnez aucune. »

Elle prit le bras de Rastignac et le mena sur un canapé, dans le salon où l'on jouait.

« Allez, lui dit-elle, chez le marquis. Jacques, mon valet de chambre, vous y conduira et vous remettra une lettre pour lui. Je lui demande ma correspondance. Il vous la remettra tout entière, j'aime à le croire. Si vous avez mes lettres, montez dans ma chambre. On me préviendra. »

Elle se leva pour aller au-devant de la duchesse de Langeais, sa meilleure amie, qui venait aussi. Rastignac partit, fit demander le marquis d'Ajuda à l'hôtel de Rochefide, où il devait passer la soirée, et où il le trouva. Le marquis l'emmena chez lui, remit une boîte à l'étudiant, et lui dit : « Elles y sont toutes. » Il parut vouloir parler à Eugène, soit pour le questionner sur les événements du bal et sur la vicomtesse, soit pour lui avouer que déjà peut-être il était au désespoir de son mariage, comme il le fut plus tard ; mais un éclair d'orgueil brilla dans ses yeux, et il eut le déplorable courage de garder le secret sur ses plus nobles sentiments. « Ne lui dites rien de moi, mon cher Eugène. » Il pressa la main de Rastignac par un mouvement affectueusement triste, et lui fit signe de partir. Eugène revint à l'hôtel de Beauséant, et fut introduit dans la chambre de la vicomtesse, où il vit les apprêts d'un départ. Il s'assit auprès du feu, regarda la cassette en cèdre[2], et tomba dans une profonde mélancolie. Pour lui, madame de Beauséant avait les proportions des déesses de l'*Iliade*[3].

Vocabulaire et nom propre

1. *Me fier :* faire confiance.

2. *Cèdre :* bois exotique précieux.

3. *Iliade :* épopée de l'Antiquité grecque attribuée à Homère (VIIIe siècle avant J.-C.).

« Ah ! mon ami », dit la vicomtesse en entrant et appuyant sa main sur l'épaule de Rastignac.

Il aperçut sa cousine en pleurs, les yeux levés, une main tremblante, l'autre levée. Elle prit tout à coup la boîte, la plaça dans le feu et la vit brûler.

« Ils dansent ! ils sont venus tous bien exactement, tandis que la mort viendra tard. Chut ! mon ami, dit-elle en mettant un doigt sur la bouche de Rastignac prêt à parler. Je ne verrai plus jamais ni Paris ni le monde. À cinq heures du matin, je vais partir pour aller m'ensevelir au fond de la Normandie. Depuis trois heures après midi, j'ai été obligée de faire mes préparatifs, signer des actes, voir à des affaires ; je ne pouvais envoyer personne chez... » Elle s'arrêta. « Il était sûr qu'on le trouverait chez... » Elle s'arrêta encore, accablée de douleur. En ces moments tout est souffrance, et certains mots sont impossibles à prononcer. « Enfin, reprit-elle, je comptais sur vous ce soir pour ce dernier service. [...] Si nous ne nous voyons plus, mon ami, soyez sûr que je ferai des vœux pour vous, qui avez été bon pour moi. Descendons, je ne veux pas leur laisser croire que je pleure. J'ai l'éternité devant moi, j'y serai seule, et personne ne m'y demandera compte de mes larmes. Encore un regard à cette chambre. » Elle s'arrêta. Puis, après s'être un moment caché les yeux avec sa main, elle se les essuya, les baigna d'eau fraîche, et prit le bras de l'étudiant. « Marchons ! » dit-elle.

Rastignac n'avait pas encore senti d'émotion aussi violente que fut le contact de cette douleur si noblement contenue. En rentrant dans le bal, Eugène en fit le tour avec madame de Beauséant, dernière et délicate attention de cette gracieuse femme. [...] Bientôt il aperçut les deux sœurs, madame de Restaud et madame de Nucingen. La comtesse était magnifique avec tous ses diamants étalés, qui, pour elle, étaient brûlants sans doute, elle les portait pour la dernière fois. Quelque puissants que fussent son orgueil et son amour, elle ne soutenait pas bien les regards de son mari. Ce spectacle n'était pas de nature à rendre les pensées de Rastignac moins tristes. [...] Il revit alors, sous les diamants des deux sœurs, le grabat[1] sur lequel gisait le père Goriot. [...]

Vers quatre heures du matin, la foule des salons commençait à s'éclaircir. Bientôt la musique ne se fit plus entendre. La duchesse de Langeais et Rastignac se trouvèrent seuls dans le grand salon. La vicomtesse, croyant n'y rencontrer que l'étudiant, y vint après avoir dit adieu à monsieur de Beauséant, qui s'alla coucher en lui répétant : « Vous avez tort, ma chère, d'aller vous enfermer à votre âge ! Restez donc avec nous. »

En voyant la duchesse, madame de Beauséant ne put retenir une exclamation.

« Je vous ai devinée, Clara, dit madame de Langeais. Vous partez pour ne plus revenir ; mais vous ne partirez pas sans m'avoir entendue et sans que nous nous soyons comprises. » Elle prit son amie par le bras, l'emmena dans le salon voisin, et là, la regardant avec des larmes dans les yeux, elle la serra dans ses bras et la baisa sur les joues.

« Je ne veux pas vous quitter froidement, ma chère, ce serait un remords trop lourd. Vous pouvez compter sur moi comme sur vous-même. Vous avez été grande ce soir, je me suis sentie digne de vous, et veux vous le prouver. J'ai eu des torts envers vous, je n'ai pas toujours été bien, pardonnez-moi, ma chère : je désavoue tout ce qui a pu vous blesser, je voudrais reprendre mes paroles. Une même douleur a réuni nos âmes, et je ne sais qui de nous sera la plus malheureuse. Monsieur de Montriveau n'était pas ici ce soir, comprenez-vous ? Qui vous a vue pendant ce bal, Clara, ne vous oubliera jamais. Moi, je tente un dernier effort. Si j'échoue, j'irai dans un couvent ! Où allez-vous, vous ?

– En Normandie, à Courcelles, aimer, prier, jusqu'au jour où Dieu me retirera de ce monde.

Vocabulaire

1. *Grabat :* lit misérable.

– Venez, monsieur de Rastignac, dit la vicomtesse d'une voix émue, en pensant que ce jeune homme attendait. L'étudiant plia le genou, prit la main de sa cousine et la baisa.

– Antoinette, adieu ! reprit madame de Beauséant, soyez heureuse. Quant à vous, vous l'êtes, vous êtes jeune, vous pouvez croire à quelque chose, dit-elle à l'étudiant. À mon départ de ce monde, j'aurai eu, comme quelques mourants privilégiés, de religieuses, de sincères émotions autour de moi ! »

Rastignac s'en alla vers cinq heures, après avoir vu madame de Beauséant dans sa berline de voyage, après avoir reçu son dernier adieu mouillé de larmes qui prouvaient que les personnes les plus élevées ne sont pas mises hors de la loi du cœur et ne vivent pas sans chagrins, comme quelques courtisans du peuple voudraient le lui faire croire. Eugène revint à pied vers la Maison Vauquer, par un temps humide et froid. Son éducation s'achevait.

[Le lendemain, vers deux heures de l'après-midi, Bianchon réveille Eugène pour lui confier la garde du père Goriot. Il détaille les soins à lui prodiguer. Le matin même, une consultation a eu lieu en présence de deux médecins chefs des hôpitaux, qui considèrent le malade comme un cas scientifique intéressant, aussi Eugène doit-il bien observer ses réactions. Mi-conscient, mi-délirant, le vieillard ne parle que de ses filles : se sont-elles bien amusées au bal ? Vont-elles venir bientôt ? Il envoie Christophe les chercher et s'impatiente. Mourir, « c'est ne plus les voir ». L'enfer, « c'est d'être sans enfants ». Les souvenirs de leur enfance lui reviennent. Comme elles étaient gentilles alors ! Puis il s'inquiète, il veut guérir puisqu'il leur faut de l'argent et qu'il sait où aller en gagner. Épuisé par la douleur, il s'assoupit un long moment.]

Christophe revint. Rastignac, qui croyait le père Goriot endormi, laissa le garçon lui rendre compte à haute voix de sa mission.

« Monsieur, dit-il, je suis d'abord allé chez madame la comtesse, à laquelle il m'a été impossible de parler, elle était dans de grandes affaires avec son mari. Comme j'insistais, monsieur de Restaud est venu lui-même, et m'a dit comme ça : “Monsieur Goriot se meurt, eh bien ! c'est ce qu'il a de mieux à faire. J'ai besoin de madame de Restaud pour terminer des affaires importantes, elle ira quand tout sera fini.” Il avait l'air en colère, ce monsieur-là. J'allais sortir, lorsque madame est entrée dans l'antichambre par une porte que je ne voyais pas, et m'a dit : “Christophe, dis à mon père que je suis en discussion avec mon mari, je ne puis pas le quitter ; il s'agit de la vie ou de la mort de mes enfants, mais aussitôt que tout sera fini, j'irai.” Quant à madame la baronne, autre histoire ! je ne l'ai point vue, et je n'ai pas pu lui parler. “Ah ! me dit la femme de chambre, madame est rentrée du bal à cinq heures un quart, elle dort, si je l'éveille avant midi, elle me grondera. Je lui dirai que son père va plus mal quand elle me sonnera. Pour une mauvaise nouvelle, il est toujours temps de la lui dire.” J'ai eu beau prier ! Ah ouin ! J'ai demandé à parler à monsieur le baron, il était sorti.

– Aucune de ses filles ne viendrait ! s'écria Rastignac. Je vais écrire à toutes deux.

– Aucune, répondit le vieillard en se dressant sur son séant. Elles ont des affaires, elles dorment, elles ne viendront pas. Je le savais. Il faut mourir pour savoir ce que c'est que des enfants. Ah ! mon ami, ne vous mariez pas, n'ayez pas d'enfants ! Vous leur donnez la vie, ils vous donnent la mort. Vous les faites entrer dans le monde, ils vous en chassent. Non, elles ne viendront pas ! je sais cela depuis dix ans. Je me le disais quelquefois, mais je n'osais pas y croire. »

Une larme roula dans chacun de ses yeux, sur la bordure rouge, sans en tomber.

« Ah ! si j'étais riche, si j'avais gardé ma fortune, si je ne la leur avais pas donnée, elles seraient là, elles me lécheraient les joues de leurs baisers ! je demeurerais dans un hôtel, j'aurais de belles chambres, des domestiques, du feu à moi ; et elles seraient tout en larmes, avec leurs maris, leurs enfants. J'aurais tout cela. Mais rien. L'argent donne tout, même des filles. Oh ! mon argent, où est-il ? Si j'avais des trésors à laisser, elles me panseraient, elles me soigneraient ; je les entendrais ; je les verrais. Ah ! mon cher enfant, mon seul enfant, j'aime mieux mon abandon et ma misère ! Au moins, quand un malheureux est aimé, il est bien sûr qu'on l'aime. Non, je voudrais être riche, je les verrais. Ma foi, qui sait ? Elles ont toutes les deux des cœurs de roche. J'avais trop d'amour pour elles pour qu'elles en eussent pour moi. Un père doit être toujours riche, il doit tenir ses enfants en bride comme des chevaux sournois. Et j'étais à genoux devant elles. Les misérables ! elles couronnent dignement leur conduite envers moi depuis dix ans. Si vous saviez comme elles étaient aux petits soins pour moi dans les premiers temps de leur mariage ! (Oh ! je souffre un cruel martyre !) Je venais de leur donner à chacune près de huit cent mille francs, elles ne pouvaient pas, ni leurs maris non plus, être rudes avec moi. L'on me recevait : "Mon père, par-ci ; mon cher père, par-là". Mon couvert était toujours mis chez elles. Enfin je dînais avec leurs maris, qui me traitaient avec considération. J'avais l'air d'avoir encore quelque chose. Pourquoi ça ? je n'avais rien dit de mes affaires. Un homme qui donne huit cent mille francs à ses deux filles était un homme à soigner. Et l'on était aux petits soins, mais c'était pour mon argent. Le monde n'est pas beau. J'ai vu cela, moi ! L'on me menait en voiture au spectacle, et je restais comme je voulais aux soirées. Enfin elles se disaient mes filles, et elles m'avouaient pour leur père. J'ai encore ma finesse, allez, et rien ne m'est échappé. Tout a été à son adresse et m'a percé le cœur. Je voyais bien que c'était des frimes, mais le mal était sans remède. Je n'étais pas chez elles aussi à l'aise qu'à la table d'en bas. Je ne savais rien dire. Aussi quand quelques-uns de ces gens du monde demandaient à l'oreille de mes gendres : "Qui est-ce que ce monsieur-là ? – C'est le père aux écus, il est riche. – Ah, diable !" disait-on, et l'on me regardait avec le respect dû aux écus. Mais si je les gênais quelquefois un peu, je rachetais bien mes défauts ! D'ailleurs, qui donc est parfait ? (Ma tête est une plaie !) Je souffre en ce moment ce qu'il faut souffrir pour mourir, mon cher monsieur Eugène, eh bien ! ce n'est rien en comparaison de la douleur que m'a causée le premier regard par lequel Anastasie m'a fait comprendre que je venais de dire une bêtise qui l'humiliait : son regard m'a ouvert toutes les veines. J'aurais voulu tout savoir, mais ce que j'ai bien su, c'est que j'étais de trop sur terre. Le lendemain je suis allé chez Delphine pour me consoler, et voilà que j'y fais une bêtise qui me l'a mise en colère. J'en suis devenu comme fou. J'ai été huit jours ne sachant plus ce que je devais faire. Je n'ai pas osé les aller voir, de peur de leurs reproches. Et me voilà à la porte de mes filles. Ô mon Dieu, puisque tu connais les misères, les souffrances que j'ai endurées ; puisque tu as compté les coups de poignard que j'ai reçus, dans ce temps qui m'a vieilli, changé, tué, blanchi, pourquoi me fais-tu donc souffrir aujourd'hui ? J'ai bien expié le péché de les trop aimer. Elles se sont bien vengées de mon affection, elles m'ont tenaillé comme des bourreaux. Eh bien ! les pères sont si bêtes ! je les aimais tant que j'y suis retourné comme un joueur au jeu. »

[Dans son délire, Goriot exprime tantôt sa révolte, tantôt sa souffrance, sa rage et son désespoir. Il en appelle à la justice, à la loi, il prédit l'apocalypse[1] d'un monde où les enfants « n'aiment pas leurs pères ». Tour à tour il maudit ses filles puis les excuse : il est le seul fautif, il les a corrompues à force de les gâter et de se laisser fouler au pied. Impressionné par la violence de ses imprécations, Eugène envoie chercher Bianchon et

Vocabulaire

1. *Apocalypse :* fin du monde.

décide de ramener lui-même au père Goriot ses filles. Comme Bianchon s'inquiète de savoir où trouver l'argent nécessaire à l'enterrement, Eugène lui tend la montre offerte par Delphine avec mission de la mettre en gage, puis il part chez le comte de Restaud.]

Le valet de chambre l'introduisit dans le premier salon où monsieur de Restaud reçut l'étudiant debout, sans le faire asseoir, devant une cheminée où il n'y avait pas de feu.

« Monsieur le comte, lui dit Rastignac, monsieur votre beau-père expire en ce moment dans un bouge infâme, sans un liard[1] pour avoir du bois ; il est exactement à la mort et demande à voir sa fille...

– Monsieur, lui répondit avec froideur le comte de Restaud, vous avez pu vous apercevoir que j'ai fort peu de tendresse pour monsieur Goriot. Il a compromis son caractère avec madame de Restaud, il a fait le malheur de ma vie, je vois en lui l'ennemi de mon repos. Qu'il meure, qu'il vive, tout m'est parfaitement indifférent. Voilà quels sont mes sentiments à son égard. Le monde pourra me blâmer, je méprise l'opinion. J'ai maintenant des choses plus importantes à accomplir qu'à m'occuper de ce que penseront de moi des sots ou des indifférents. Quant à madame de Restaud, elle est hors d'état de sortir. D'ailleurs, je ne veux pas qu'elle quitte sa maison. Dites à son père qu'aussitôt qu'elle aura rempli ses devoirs envers moi, envers mon enfant, elle ira le voir. Si elle aime son père, elle peut être libre dans quelques instants...

– Monsieur le comte, il ne m'appartient pas de juger de votre conduite, vous êtes le maître de votre femme ; mais je puis compter sur votre loyauté[2] ? eh bien ! promettez-moi seulement de lui dire que son père n'a pas un jour à vivre, et l'a déjà maudite en ne la voyant pas à son chevet !

Vocabulaire

1. *Sans un liard :* sans un sou.

2. *Loyauté :* droiture, honnêteté.

– Dites-le-lui vous-même », répondit monsieur de Restaud frappé des sentiments d'indignation que trahissait l'accent d'Eugène.

Rastignac entra, conduit par le comte, dans le salon où se tenait habituellement la comtesse : il la trouva noyée de larmes, et plongée dans une bergère comme une femme qui voulait mourir. Elle lui fit pitié. Avant de regarder Rastignac, elle jeta sur son mari de craintifs regards qui annonçaient une prostration[1] complète de ses forces écrasées par une tyrannie morale et physique. Le comte hocha la tête, elle se crut encouragée à parler.

« Monsieur, j'ai tout entendu. Dites à mon père que s'il connaissait la situation dans laquelle je suis, il me pardonnerait. Je ne comptais pas sur ce supplice, il est au-dessus de mes forces, monsieur, mais je résisterai jusqu'au bout, dit-elle à son mari. Je suis mère. Dites à mon père que je suis irréprochable envers lui, malgré les apparences », cria-t-elle avec désespoir à l'étudiant.

Eugène salua les deux époux, en devinant l'horrible crise dans laquelle était la femme, et se retira stupéfait. Le ton de monsieur de Restaud lui avait démontré l'inutilité de sa démarche, et il comprit qu'Anastasie n'était plus libre. Il courut chez madame de Nucingen, et la trouva dans son lit.

« Je suis souffrante, mon pauvre ami, lui dit-elle. J'ai pris froid en sortant du bal, j'ai peur d'avoir une fluxion de poitrine, j'attends le médecin...

– Eussiez-vous la mort sur les lèvres, lui dit Eugène en l'interrompant, il faut vous traîner auprès de votre père. Il vous appelle ! Si vous pouviez entendre le plus léger de ses cris, vous ne vous sentiriez point malade.

– Eugène, mon père n'est peut-être pas aussi malade que vous le dites ; mais je serais au désespoir d'avoir le moindre tort à vos yeux,

Vocabulaire
1. *Prostration :* profond abattement.

et je me conduirai comme vous le voudrez. Lui, je le sais, il mourrait de chagrin si ma maladie devenait mortelle par suite de cette sortie. Eh bien ! j'irai dès que mon médecin sera venu. Ah ! pourquoi n'avez-vous plus votre montre ? dit-elle en ne voyant plus la chaîne. Eugène rougit. Eugène ! Eugène, si vous l'aviez déjà vendue, perdue... oh ! cela serait bien mal. »

L'étudiant se pencha sur le lit de Delphine, et lui dit à l'oreille : « Vous voulez le savoir ? eh bien ! sachez-le ! Votre père n'a pas de quoi s'acheter le linceul dans lequel on le mettra ce soir. Votre montre est en gage, je n'avais plus rien. »

Delphine sauta tout à coup hors de son lit, courut à son secrétaire, y prit sa bourse, la tendit à Rastignac. Elle sonna et s'écria : « J'y vais, j'y vais, Eugène. Laissez-moi m'habiller ; mais je serais un monstre ! Allez, j'arriverai avant vous ! Thérèse, cria-t-elle à sa femme de chambre, dites à monsieur de Nucingen de monter me parler à l'instant même. »

Eugène, heureux de pouvoir annoncer au moribond la présence d'une de ses filles, arriva presque joyeux rue Neuve-Sainte-Geneviève. Il fouilla dans la bourse pour pouvoir payer immédiatement son cocher. La bourse de cette jeune femme, si riche, si élégante, contenait soixante-dix francs.

[Pendant l'absence d'Eugène, le chirurgien de l'hôpital a tenté une opération mais la science ne peut plus rien.]

« Allons, Eugène, du courage, mon fils ! dit Bianchon à Rastignac quand ils furent seuls, il s'agit de lui mettre une chemise blanche et de changer son lit. Va dire à Sylvie de monter des draps et de venir nous aider. »

Eugène descendit et trouva madame Vauquer occupée à mettre le couvert avec Sylvie. Aux premiers mots que lui dit Rastignac, la veuve vint à lui, en prenant l'air aigrement doucereux d'une marchande soupçonneuse qui ne voudrait ni perdre son argent, ni fâcher le consommateur.

« Mon cher monsieur Eugène, répondit-elle, vous savez tout comme moi que le père Goriot n'a plus le sou. Donner des draps à un homme en train de tortiller de l'œil, c'est les perdre, d'autant qu'il faudra bien en sacrifier un pour le linceul. Ainsi, vous me devez déjà cent quarante-quatre francs, mettez quarante francs de draps, et quelques autres petites choses, la chandelle que Sylvie vous donnera, tout cela fait au moins deux cents francs, qu'une pauvre veuve comme moi n'est pas en état de perdre. Dame ! soyez juste, monsieur Eugène, j'ai bien assez perdu depuis cinq jours que le guignon s'est logé chez moi. J'aurais donné dix écus pour que ce bonhomme-là fût parti ces jours-ci, comme vous le disiez. Ça frappe mes pensionnaires. Pour un rien, je le ferais porter à l'hôpital. Enfin, mettez-vous à ma place. Mon établissement avant tout, c'est ma vie, à moi. »

Eugène remonta rapidement chez le père Goriot.

« Bianchon, l'argent de la montre ?

– Il est là sur la table, il en reste trois cent soixante et quelques francs. J'ai payé sur ce qu'on m'a donné tout ce que nous devions. La reconnaissance[1] du Mont-de-Piété[2] est sous l'argent.

– Tenez, madame, dit Rastignac après avoir dégringolé l'escalier avec horreur, soldez nos comptes. Monsieur Goriot n'a pas longtemps à rester chez vous, et moi…

– Oui, il en sortira les pieds en avant, pauvre bonhomme, dit-elle en comptant deux cents francs, d'un air moitié gai, moitié mélancolique.

Vocabulaire

1. *Reconnaissance :* reçu remis en échange des objets gagés.

2. *Mont-de-Piété :* établissement où l'on prêtait de l'argent contre des objets laissés en gage. Un jour, le prince François-Ferdinand d'Orléans, honteux d'avoir gagé sa montre pour une dette de jeu, prétendit l'avoir oubliée chez sa tante, d'où l'expression « chez ma tante » pour désigner le Mont-de-Piété. Celui de Paris était situé au 16 rue des Blancs-Manteaux.

– Finissons, dit Rastignac.

– Sylvie, donnez les draps, et allez aider ces messieurs, là-haut.

– Vous n'oublierez pas Sylvie, dit madame Vauquer à l'oreille d'Eugène, voilà deux nuits qu'elle veille. »

Dès qu'Eugène eut le dos tourné, la vieille courut à sa cuisinière :

« Prends les draps retournés, numéro sept. Par Dieu, c'est toujours assez bon pour un mort », lui dit-elle à l'oreille.

Eugène, qui avait déjà monté quelques marches de l'escalier, n'entendit pas les paroles de la vieille hôtesse.

« Allons, lui dit Bianchon, passons-lui sa chemise. Tiens-le droit. »

Eugène se mit à la tête du lit et soutint le moribond, auquel Bianchon enleva sa chemise et le bonhomme fit un geste comme pour garder quelque chose sur sa poitrine, et poussa des cris plaintifs et inarticulés, à la manière des animaux qui ont une grande douleur à exprimer.

« Oh ! oh ! dit Bianchon, il veut une petite chaîne de cheveux et un petit médaillon que nous lui avons ôtés tout à l'heure pour lui poser ses moxas[1]. Pauvre homme ! il faut la lui remettre. Elle est sur la cheminée. »

Eugène alla prendre une chaîne tressée avec des cheveux blond cendré, sans doute ceux de madame Goriot. Il lut d'un côté du médaillon : Anastasie, et de l'autre : Delphine. Image de son cœur qui reposait toujours sur son cœur. Les boucles contenues étaient d'une telle finesse qu'elles devaient avoir été prises pendant la première enfance des deux filles. Lorsque le médaillon toucha sa poitrine, le vieillard fit un *han* prolongé qui annonçait une satisfaction effrayante à voir. C'était un des derniers retentissements de sa sensibilité, qui semblait se retirer au centre inconnu d'où partent et où s'adressent nos sympathies. Son visage convulsé prit une expression

Vocabulaire

1. *Moxas :* applications de substances végétales cautérisantes (arrêtant les hémorragies) qu'on laissait se consumer lentement sur certains endroits du corps.

de joie maladive. Les deux étudiants, frappés de ce terrible éclat d'une force de sentiment qui survivait à la pensée, laissèrent tomber chacun des larmes chaudes sur le moribond qui jeta un cri de plaisir aigu.

« Nasie ! Fifine ! dit-il.

– Il vit encore, dit Bianchon.

– À quoi ça lui sert-il ? dit Sylvie.

– À souffrir », répondit Rastignac.

Après avoir fait à son camarade un signe pour lui dire de l'imiter, Bianchon s'agenouilla pour passer ses bras sous les jarrets du malade, pendant que Rastignac en faisait autant de l'autre côté du lit afin de passer les mains sous le dos. Sylvie était là, prête à retirer les draps quand le moribond serait soulevé, afin de les remplacer par ceux qu'elle apportait. Trompé sans doute par les larmes, Goriot usa ses dernières forces pour étendre les mains, rencontra de chaque côté de son lit les têtes des étudiants, les saisit violemment par les cheveux, et l'on entendit faiblement : « Ah ! mes anges ! » Deux mots, deux murmures accentués par l'âme qui s'envola sur cette parole.

[Alors que le père Goriot est inconscient, la femme de chambre de Delphine vient avertir que sa maîtresse, victime d'un malaise, ne peut venir : une violente dispute a éclaté entre elle et son mari à qui elle demandait de l'argent pour son père. Quelques instants plus tard, Anastasie arrive en proie au désespoir : son amant s'est enfui laissant d'énormes dettes, son mari la hait, ses enfants victimes de ses folies la haïront demain, et le seul cœur qui l'a aimée est désormais inaccessible. Restée seule avec son père, elle crie pour annoncer sa mort avant de s'évanouir. Eugène la fait reconduire chez sa sœur par Thérèse.

Dans la pension, la nouvelle de cette mort est accueillie dans l'indifférence générale : « Que le père Goriot soit crevé, tant mieux pour lui ! » Si les deux étudiants l'adorent, qu'ils aillent le garder et les laissent manger tranquillement, eux autres ! « Ce fut la seule oraison funèbre d'un être qui, pour Eugène, représentait la Paternité. » Eugène et Bianchon sortent chercher un prêtre pour la veillée. S'étant renseigné sur le prix des services funèbres, Eugène écrit au baron de Nucingen et au comte de Restaud pour leur demander de pourvoir aux frais de l'enterrement.]

Le lendemain matin, Bianchon et Rastignac furent obligés d'aller déclarer eux-mêmes le décès, qui vers midi fut constaté. Deux heures après, aucun des deux gendres n'avait envoyé d'argent, personne ne s'était présenté en leur nom, et Rastignac avait été forcé déjà de payer les frais du prêtre. Sylvie ayant demandé dix francs pour ensevelir le bonhomme et le coudre dans un linceul, Eugène et Bianchon calculèrent que, si les parents du mort ne voulaient se mêler de rien, ils auraient à peine de quoi pourvoir aux frais. L'étudiant en médecine se chargea donc de mettre lui-même le cadavre dans une bière de pauvre qu'il fit apporter de son hôpital, où il l'eut à meilleur marché.

« Fais une farce à ces drôles-là, dit-il à Eugène. Va acheter un terrain, pour cinq ans, au Père-Lachaise, et commande un service de troisième classe[1] à l'église et aux Pompes funèbres. Si les gendres et les filles se refusent à te rembourser, tu feras graver sur la tombe : "Ci-gît monsieur Goriot, père de la comtesse de Restaud et de la baronne de Nucingen, enterré aux frais de deux étudiants." »

Eugène ne suivit le conseil de son ami qu'après avoir été infructueusement[2] chez monsieur et madame de Nucingen et chez monsieur et madame de Restaud. Il n'alla pas plus loin que la porte. Chacun des concierges avait des ordres sévères.

« Monsieur et madame, dirent-ils, ne reçoivent personne ; leur père est mort, et ils sont plongés dans la plus vive douleur. »

Vocabulaire

1. *Service de troisième classe :* office religieux le moins cher.

2. *Infructueusement :* en vain, sans succès.

Eugène avait assez l'expérience du monde parisien pour savoir qu'il ne devait pas insister. Son cœur se serra étrangement quand il se vit dans l'impossibilité de parvenir jusqu'à Delphine.

« Vendez une parure, lui écrivit-il chez le concierge, et que votre père soit décemment conduit à sa dernière demeure. »

Il cacheta ce mot, et pria le concierge du baron de le remettre à Thérèse pour sa maîtresse ; mais le concierge le remit au baron de Nucingen qui le jeta dans le feu. Après avoir fait toutes ses dispositions, Eugène revint vers trois heures à la pension bourgeoise, et ne put retenir une larme quand il aperçut à cette porte bâtarde la bière à peine couverte d'un drap noir, posée sur deux chaises dans cette rue déserte. Un mauvais goupillon[1], auquel personne n'avait encore touché, trempait dans un plat de cuivre argenté plein d'eau bénite. La porte n'était pas même tendue de noir. C'était la mort des pauvres, qui n'a ni faste, ni suivants, ni amis, ni parents. Bianchon, obligé d'être à son hôpital, avait écrit un mot à Rastignac pour lui rendre compte de ce qu'il avait fait avec l'église. L'interne lui mandait[2] qu'une messe était hors de prix, qu'il fallait se contenter du service moins coûteux des vêpres[3], et qu'il avait envoyé Christophe avec un mot aux Pompes funèbres. Au moment où Eugène achevait de lire le griffonnage de Bianchon, il vit entre les mains de madame Vauquer le médaillon à cercle d'or où étaient les cheveux des deux filles.

« Comment avez-vous osé prendre ça ? lui dit-il.

– Pardi ! fallait-il l'enterrer avec ? répondit Sylvie, c'est en or.

– Certes ! reprit Eugène avec indignation, qu'il emporte au moins avec lui la seule chose qui puisse représenter ses deux filles. »

Vocabulaire

1. *Goupillon :* baguette métallique utilisée pour asperger l'eau bénite.
2. *Mandait :* transmettait, faisait savoir.
3. *Vêpres :* office religieux du soir.

Quand le corbillard vint, Eugène fit remonter la bière, la décloua, et plaça religieusement sur la poitrine du bonhomme une image qui se rapportait à un temps où Delphine et Anastasie étaient jeunes, vierges et pures, et *ne raisonnaient pas*, comme il l'avait dit dans ses cris d'agonisant. Rastignac et Christophe accompagnèrent seuls, avec deux croque-morts[1], le char qui menait le pauvre homme à Saint-Étienne-du-Mont, église peu distante de la rue Neuve-Sainte-Geneviève. Arrivé là, le corps fut présenté à une petite chapelle basse et sombre, autour de laquelle l'étudiant chercha vainement les deux filles du père Goriot ou leurs maris. Il fut seul avec Christophe, qui se croyait obligé de rendre les derniers devoirs à un homme qui lui avait fait gagner quelques bons pourboires. En attendant les deux prêtres, l'enfant de chœur[2] et le bedeau[3], Rastignac serra la main de Christophe, sans pouvoir prononcer une parole.

« Oui, monsieur Eugène, dit Christophe, c'était un brave et honnête homme, qui n'a jamais dit une parole plus haut que l'autre, qui ne nuisait à personne et n'a jamais fait de mal. »

Les deux prêtres, l'enfant de chœur et le bedeau vinrent et donnèrent tout ce qu'on peut avoir pour soixante-dix francs dans une époque où la religion n'est pas assez riche pour prier gratis. Les gens du clergé chantèrent un psaume[4], le *Libera*, le *De profundis*[5]. Le service dura vingt minutes. Il n'y avait qu'une seule voiture de deuil pour un prêtre et un enfant de chœur, qui consentirent à recevoir avec eux Eugène et Christophe.

Vocabulaire

1. *Croque-morts :* employés des pompes funèbres.
2. *Enfant de chœur :* enfant qui assiste le prêtre au cours de la messe.
3. *Bedeau :* employé laïque chargé de certains services dans l'entretien de l'église et le déroulement des cérémonies.
4. *Psaume :* poème biblique destiné à être récité ou chanté dans les rites juifs et chrétiens.
5. *Libera, De profundis :* psaumes exprimant la lamentation et la pénitence, chantés à l'office des morts.

« Il n'y a point de suite, dit le prêtre, nous pourrons aller vite, afin de ne pas nous attarder, il est cinq heures et demie. »

Cependant, au moment où le corps fut placé dans le corbillard, deux voitures armoriées[1], mais vides, celle du comte de Restaud et celle du baron de Nucingen, se présentèrent et suivirent le convoi jusqu'au Père-Lachaise. À six heures, le corps du père Goriot fut descendu dans sa fosse, autour de laquelle étaient les gens[2] de ses filles, qui disparurent avec le clergé aussitôt que fut dite la courte prière due au bonhomme pour l'argent de l'étudiant. Quand les deux fossoyeurs eurent jeté quelques pelletées de terre sur la bière pour la cacher, ils se relevèrent, et l'un d'eux, s'adressant à Rastignac, lui demanda leur pourboire. Eugène fouilla dans sa poche et n'y trouva rien, il fut forcé d'emprunter vingt sous à Christophe. Ce fait, si léger en lui-même, détermina chez Rastignac un accès d'horrible tristesse. Le jour tombait, un humide crépuscule agaçait les nerfs, il regarda la tombe et y ensevelit sa dernière larme de jeune homme, cette larme arrachée par les saintes émotions d'un cœur pur, une de ces larmes qui, de la terre où elles tombent, rejaillissent jusque dans les cieux. Il se croisa les bras, contempla les nuages, et, le voyant ainsi, Christophe le quitta.

Rastignac, resté seul, fit quelques pas vers le haut du cimetière et vit Paris tortueusement couché le long des deux rives de la Seine où commençaient à briller les lumières. Ses yeux s'attachèrent presque avidement entre la colonne de la place Vendôme et le dôme des Invalides, là où vivait ce beau monde dans lequel il avait voulu pénétrer. Il lança sur cette ruche bourdonnante un regard qui semblait par avance en pomper le miel, et dit ces mots grandioses : « À nous deux maintenant ! »

Et pour premier acte du défi qu'il portait à la Société, Rastignac alla dîner chez madame de Nucingen.

Saché, septembre 1834.

Vocabulaire

1. *Armoriées :* ornées du blason de chacune des deux familles.

2. *Les gens :* les domestiques.

Séance 1

Des débuts difficiles

LECTURE

Lecture d'ensemble (p. 8-24, l. 1-428)

L'incipit (l. 1-38)

1. Où et quand l'action se situe-t-elle ?

2. Repérez sur un plan les lieux évoqués.

3. Par quels procédés l'intérêt du lecteur est-il éveillé ?

4. L. 47-84 : dessinez le plan extérieur et intérieur de la pension.

Lecture linéaire (p. 11-13, l. 84-129)

La pension (l. 84-114)

5. Classez les indices sensoriels.

	L'odorat	L'ouïe	Le goût	La vue	Le toucher
Verbes ou périphrases verbales					
GN expansés					
Adjectifs qualificatifs seuls					

NOTIONS LITTÉRAIRES
Les fonctions de la description

Une description peut avoir les fonctions suivantes :
– **fonction narrative** ou **dramatique** : elle sert les besoins de l'intrigue (indices importants, nécessité d'une pause pour détendre l'atmosphère ou créer un suspens) ;
– **fonction référentielle** : elle fixe le cadre de l'action pour donner l'illusion de la réalité ;
– **fonction symbolique** : elle projette sur les lieux les sentiments d'un personnage ;
– **fonction argumentative** : elle vient appuyer les thèses d'un personnage ;
– **fonction poétique** : elle célèbre un lieu par le recours au langage poétique.

6. L. 88-90 : quels procédés (syntaxe, sons, rythmes) renforcent l'expressivité de cette phrase ?

7. Définissez les aspects dominants de la pension.

La patronne (l. 114-129)

8. Quels éléments du personnage sont mis en valeur ?

9. Définissez sa personnalité.

Lecture d'image

« Madame Vauquer », caricature de Bertal (Charles-Albert d'Arnoux, dit), dessinateur français (1820-1882).

10. Montrez que l'image est à la fois illustrative et caricaturale.

Étude de la langue

Grammaire

11. L. 117-129 : identifiez la nature et la fonction des expansions.
Son bonnet de tulle ; un tour de faux cheveux mal mis ; son corsage trop plein et qui flotte ; ses yeux ridés, dont l'expression passe du sourire prescrit aux danseuses à l'amer renfrognement de l'escompteur.

Orthographe

Dictées dirigées : « Cette première pièce [...] hospice » (l. 86-90), « Eh bien, [...] Incurables » (l. 94-106).

Vocabulaire

12. Écrivez les adjectifs correspondants : l'ouïe, l'odorat, le goût, la vue, le toucher.

13. Donnez des synonymes et des antonymes d'« odeur », « sentir », « nauséabonde ».

EXPRESSION

Expression écrite

14. Un Rastignac du XXIe siècle loge dans une résidence universitaire. À la manière de Balzac, présentez un des résidents appelé à jouer un rôle dans la suite du roman.

Expression orale

15. Présentez les personnages du roman.

PATRIMOINE

Le Paris du *Père Goriot*

16. Le Val-de-Grâce, le Panthéon, le Jardin des Plantes, le cimetière du Père-Lachaise : situez ces lieux sur un plan et expliquez quand, par qui ils ont été construits et à quel usage.
Quelle est leur destination actuelle ?

Méthode — Comment faire le portrait initial d'un personnage à la manière de Balzac

➜ **Définissez son rôle.**
Ex. : espion, tentateur, séductrice, etc.

➜ **Imaginez des attributs physiques suggestifs.**
Ex. : mademoiselle Michonneau : maigre, desséchée, coiffée d'« un crasseux abat-jour en taffetas vert » et couverte d'un châle « à franges maigres et pleurardes ». Par **métonymie**[1], les vêtements symbolisent la flétrissure physique et morale du personnage. Des indices opposés révèlent une beauté enfuie : « Elle devait avoir été jolie et bien faite. »

➜ **Respectez la voix narrative.**
Le narrateur, extérieur au récit, emploie la troisième personne du singulier. Chaque portrait commence par un patronyme (Poiret, Vautrin…) associé soit au prénom, soit au statut matrimonial ou social (*madame* Vauquer, *mademoiselle* Michonneau, *Victorine* Taillefer, le *père* Goriot, Eugène *de* Rastignac).

➜ **Respectez le point de vue.**
Point de vue externe : le narrateur est censé ne connaître du personnage que ce qu'un observateur curieux et perspicace peut déduire de signes extérieurs. Le passé n'est évoqué que par des hypothèses basées sur des indices : « Quel acide avait dépouillé cette créature de ses formes féminines ? […] Était-ce le vice, le chagrin, la cupidité ? »

➜ **Relisez bien les exemples.**

➜ **Lancez-vous !** (une vingtaine de lignes)

1. **Métonymie** : figure de style permettant de désigner une réalité par une autre qui lui est logiquement associée : la partie pour le tout (une *voile* pour un bateau), le contenant pour le contenu (« boire un *verre* »).

Une initiation mondaine

LECTURE

Lecture d'ensemble : les deux visites (p. 24-49, l. 429-1113)

1. Relevez les motifs qui se répètent.

Chez madame de Restaud	Chez madame de Beauséant

2. En quoi diffèrent-elles ?

3. Repérez et expliquez les épigrammes lancées par madame de Langeais.

Lecture linéaire (p. 45-47, l. 993-1053)

Une femme blessée

4. Quels indices dénoncent l'émotion de la vicomtesse ?

5. L. 1001-1017 : donnez un titre et justifiez-le.

6. Quels procédés de langage montrent son amertume ?

Une relation d'autorité

7. Comment l'inégalité entre les deux interlocuteurs se manifeste-t-elle ?

8. L. 1017-1049 (« Écoutez […] ni parmi les autres ») : résumez le plan de la vicomtesse.

Une alliance équitable

9. En quoi l'aide proposée est-elle aussi une revanche ?

Lecture d'image

10. Présentez le document. Quels signes externes et internes permettent de le dater ?

11. Quels indices évoquent un quartier aristocratique ?

Le faubourg Saint-Germain. « Fontaine de Bouchardon, rue de Grenelle », 1789, par Antoine Meunier, dessinateur français (1765-1808).

Étude de la langue : l'expression de l'ordre ou du conseil

Grammaire

12. « traitez » (l. 1001) ; « Frappez » (l. 1007) ; « N'acceptez » (l. 1007) : réécrivez les phrases correspondantes en remplaçant l'impératif par le futur et en opérant les modifications nécessaires.

13. Qu'en concluez-vous ?

Orthographe

14. L. 1007-1010 : « Frappez sans pitié [...] vos désirs » ; l. 1012-1013 : « Mais si [...] seriez perdu » ; l. 1014-1017 : « Si jamais [...] ce monde-ci. » : transposez ces passages
a) en tutoyant Rastignac,
b) en le désignant à la troisième personne du singulier.

Vocabulaire

15. Relevez dans un dictionnaire le champ sémantique des mots suivants : sonder (l. 1002) ; toiser (l. 1003).

16. Expliquez leur sens dans le texte. Employez-les dans une phrase où ils auront un autre sens.

HISTOIRE DES ARTS

Paris dans la première moitié du XIXe siècle

À l'époque de Balzac, Paris a gardé la physionomie qu'il avait sous l'Ancien Régime. Les grandes percées imaginées par Haussmann qui lui donneront sa physionomie actuelle n'existent pas encore.

L'île de la Cité garde une allure moyenâgeuse. L'est abrite des quartiers pauvres, dangereux et insalubres, comme le faubourg Saint-Marcel où naissent de nombreuses émeutes.

Depuis la fin du règne de Louis XIV, aspirée par les déplacements du pouvoir royal à Versailles, au Palais-Royal puis aux Tuileries, la noblesse initialement logée dans le Marais a commencé à émigrer vers l'ouest, faubourg Saint-Germain.

Le Palais-Royal, restitué en 1814 aux ducs d'Orléans, reste jusqu'en 1830 un quartier très animé : boutiques, théâtres, salles de jeu. En 1831, Louis-Philippe d'Orléans, devenu monarque, l'abandonne pour les Tuileries, amorçant ainsi son déclin.

Sous la poussée d'une nouvelle aristocratie d'affaires, les faubourgs nord-ouest de la rive droite (Chaussée-d'Antin, Saint-Honoré) se peuplent de riches hôtels particuliers. Sur les Grands Boulevards prolifèrent cafés et théâtres.

EXPRESSION

Expression écrite

17. Réalisez un dossier d'art : Paris à l'époque de Balzac.

Expression orale

18. Présentez les réponses de la rubrique « Patrimoine » de la séance 1.

PATRIMOINE

Les théâtres sous la Restauration

19. Citez au moins trois théâtres de la Restauration.

20. Précisez où ils se situaient et quel répertoire on y jouait.

21. Quel tableau de Louis-Léopold Boilly représente l'un de ces théâtres ?

Méthode — *Comment construire et organiser un dossier matériel ou virtuel*

→ **Définissez le domaine de recherche** : peintures, dessins, estampes...
→ **Choisissez des sources** : **livres** (d'art, d'histoire), **musées** (Carnavalet pour Paris), **sites** (bnf.fr / Gallica / département des estampes, Réunion des musées nationaux – RMN).
→ **Cherchez par mot clé** : Paris, Restauration, Palais-Royal...
→ **Relevez les références** : source, page, numéro d'inventaire, titre, auteur, date, technique utilisée, commentaires éventuels.
→ **Sélectionnez les documents** : sauvegarde, impression ou photocopie.
→ **Choisissez votre support** : matériel ou virtuel.
→ **Organisez un plan hiérarchisé** : titres, sous-titres, légendes.
→ **Procédez à une mise en page soignée.**
→ **Vérifiez l'orthographe.**

Séance 3

Au bord du précipice

LECTURE

Lecture d'ensemble : chapitres 1 et 2 (p. 8-75)

1. P. 50, l. 13-15 : à quels épisodes cette remarque fait-elle allusion ?

2. Comment Rastignac réagit-il aux provocations ?

3. Comment Vautrin explique-t-il son intérêt pour Rastignac ?

Lecture linéaire (p. 55-56, l. 163-199)

L'art de convaincre

4. À quelle décision Vautrin veut-il amener le jeune homme ?

5. Reconstituez son raisonnement.
1) Le ..... et .... ne mènent à rien.
2) On réussit par .... ou par ...... **Or** le ...... est rare. ...... la .... est partout.

6. L. 191-199 : pourquoi Vautrin additionne-t-il les exemples ?

7. Quel effet son discours a-t-il sur Rastignac ?

L'art de persuader

8. Identifiez les procédés destinés à capter l'intérêt.

PATRIMOINE

Le romantisme en peinture : Eugène Delacroix, *La Liberté guidant le peuple* ; Géricault, *Le Radeau de la Méduse.*

9. Expliquez les circonstances dans lesquelles chacune de ces œuvres a été produite.

Lecture d'image

« Expliquons-nous... » dit Vautrin
en prenant Eugène par le bras.
Illustration du *Père Goriot* par E. Abot, 1885.

10. Montrez que l'illustration suit les indications du romancier (p. 10-11, l. 47-81).

Étude de la langue

Grammaire

11. P. 56, l. 176-180 (« Une rapide fortune […] combat ») : reliez les phrases par des connecteurs logiques dont vous préciserez la nature et le sens.

12. P. 56, l. 185-187 (« On plie […] persiste ») : analysez les propositions.

HISTOIRE DES ARTS
Romantisme et réalisme chez Balzac

• 1830, une génération romantique

Après quarante ans d'instabilité sociale et politique, la révolution de 1830 est suivie d'un profond désenchantement. De jeunes artistes, qui peinent à trouver leur place, fuient la réalité pour des rêves d'absolu : idéalisation du passé, de l'amour, de la nature, goût pour le fantastique, fascination pour les êtres damnés. Dans la préface de *Cromwell* (1827), Victor Hugo expose cette esthétique nouvelle. En rupture avec l'idéal classique, il revendique le droit de mêler dans une même pièce comédie et tragédie, sublime et grotesque.

• Années 1880, réalisme et naturalisme

En réaction au romantisme, les romanciers de la deuxième moitié du siècle comme Flaubert et Maupassant revendiquent la prise en compte de la réalité et leurs romans s'appuient sur une documentation abondante. Le **naturalisme**, représenté par Zola, renforce cette tendance en appliquant à ses personnages les lois mises en évidence par la médecine expérimentale de Claude Bernard (influence du milieu et de l'hérédité sur l'évolution des êtres).

• Balzac, un romancier inclassable

Bien qu'écrite en pleine période romantique (1830-1850), l'œuvre de Balzac échappe à ces théories. Certes, ses héros connaissent les désillusions et les exaltations des romantiques, mais leur comportement en fait des réalistes qui mobilisent toute leur énergie pour franchir les obstacles qui bornent leurs ambitions. Les détails réalistes qui abondent (revenus, logement, tenues, voitures) n'ont aucune ambition théorique. La puissance créatrice de Balzac échappe à toute classification.

Orthographe

13. P. 55, l. 163-167 (« Voilà le carrefour de la vie [...] j'ai bien su lire ») : remplacez « jeune homme » par « jeune fille » et opérez toutes les modifications nécessaires.

Vocabulaire

14. Cherchez l'étymologie des mots suivants : flairer (l. 165), flouer (l. 170), acharnement (l. 179), médiocrité (l. 189).

15. Donnez des mots de la famille de « chair ».

EXPRESSION

Expression écrite

16. Parvenu au faîte du pouvoir, Rastignac met en garde un jeune ambitieux contre l'influence exercée par des hommes comme Vautrin. Imaginez son propos.

Expression orale

17. Résumez la légende de Faust. Comparez le rôle de Méphistophélès à celui de Vautrin.

Méthode ***Comment construire un paragraphe argumentatif***

1. Convaincre
➜ **Définissez les thèses en présence** : thèse défendue, thèse rejetée.
➜ **Rassemblez des arguments et des exemples** : expérience personnelle, actualité, littérature, etc.
➜ **Rédigez** : 1) énoncez la thèse ; 2) présentez les arguments et les exemples ; 3) concluez.

2. Persuader
➜ **Utilisez** : exclamations, interrogations, anaphores, mises en relief, métaphores, comparaisons, assonances, allitérations, parallélismes, vocabulaire dépréciatif ou mélioratif, etc.

Une arrestation providentielle

LECTURE

Lecture d'ensemble : chapitres 2 et 3 (p. 50-95)

1. Relevez les éléments qui font de Vautrin un prédateur ou un démon.

2. Quel intérêt sa disparition présente-t-elle à ce moment de l'action ?

3. Montrez que ce troisième chapitre correspond à une accélération du rythme.

Lecture linéaire (p. 87-88, l. 309-352)

Une construction dramatique

4. Repérez les différentes étapes et donnez-leur un titre.

5. Sur quel ressort dramatique la scène est-elle construite ?

Une métamorphose monstrueuse

6. Relevez les comparaisons et les métaphores.
Quels aspects du personnage mettent-elles en lumière ?
En quoi sont-elles hyperboliques ?

7. Quels sont les effets de cette scène sur les autres personnages ?

Le chat et la souris

8. Comment expliquer la violence du chef de la police ?

Lecture d'image

9. Quel épisode du roman le dessin évoque-t-il ? Justifiez.

10. Décrivez l'image et définissez l'atmosphère qui s'en dégage.

« Jardin du Roy »,
Christophe Civeton (1796-1831).

Étude de la langue

Grammaire

11. L. 328, 333 et 340 : relevez les comparaisons et identifiez les procédés grammaticaux utilisés.

Orthographe

12. Dictée dirigée : « Le chef alla [...] pensionnaires. » (l. 322-335).

Vocabulaire

13. P. 87-91, l. 309-436 : relevez et expliquez les mots et expressions du registre argotique.

14. Expliquez les invectives adressées par Vautrin à mademoiselle Michonneau : « vieille cagnotte », « Michonnette », « Ninon cariée », « Pompadour en loques », « Vénus du Père-Lachaise ».

HISTOIRE DES ARTS

La littérature en feuilleton

Au XIXe siècle, la mécanisation de l'imprimerie, qui permet d'accroître les tirages tout en baissant les prix, contribue au développement de la presse et à la diffusion des romans. Tous les écrivains : Honoré de Balzac, Victor Hugo, Alexandre Dumas, Émile Zola... publient d'abord leurs ouvrages en feuilletons. Ce mode de publication demande un art particulier : celui de finir un chapitre sur un suspens qui tiendra le lecteur en haleine.

D'abord livrés à des cabinets de lecture, les journaux s'invitent dans les familles où un public récemment alphabétisé s'arrache la lecture des feuilletons. En cinquante ans (1838-1890), le tirage des journaux passe de quelques milliers à plusieurs millions !

Parmi les feuilletons restés célèbres, citons : *Les Mystères de Paris* d'Eugène Sue, publiés en 1842 dans *Le Journal des débats* ; *Le Bossu* (Paul Féval, 1857, *Le Siècle*) ; *Rocambole* (Ponson du Terrail, 1857, *La Patrie*).

EXPRESSION

Expression écrite

15. Inventez pour d'autres personnages du roman des désignations humoristiques.

16. Inventez des comparaisons qui mettent en valeur la violence contenue et la duplicité du chef de la police.

PATRIMOINE

Le forçat dans la littérature du XIXe siècle

17. Cherchez des renseignements sur Vidocq. Quels personnages des *Misérables* a-t-il inspiré à Victor Hugo ?

Expression orale

18. Présentez les réponses de la rubrique « Patrimoine » de la séance 3.

Méthode Comment analyser le rythme d'un récit

→ **Définition**. Le rythme d'un récit dépend de la relation entre le temps qui s'écoule dans l'histoire (le temps de la fiction) et le nombre de pages correspondant (le temps de la narration).
Un long passage pour des événements très courts correspond à un **ralentissement**.
Un court passage pour de longues péripéties correspond à une **accélération**.
→ **Les pauses (descriptions, explications, commentaires)**, qui arrêtent le déroulement de l'histoire, ralentissent le rythme.
→ **À l'inverse, les ellipses et les sommaires l'accélèrent.**
L'ellipse équivaut à un saut dans le temps : un saut de ligne ou de page peut représenter des jours, des semaines, des années.
Dans un **sommaire**, le narrateur résume en quelques lignes de longues péripéties.
→ **Dans une scène**, le temps de la fiction et celui de la narration se confondent. Comme au théâtre, le lecteur a l'illusion d'assister aux évènements et aux dialogues en temps réel. Une scène donne de la vie au récit.
→ *Le Père Goriot* commence par une longue pause descriptive ; le rythme s'accélère dans les troisième et quatrième parties où dominent des scènes.

Des adieux tragiques

LECTURE

Lecture d'ensemble : chapitre 4 (p. 96-108, jusqu'à l. 356)

1. L. 356, « Son éducation s'achevait » : en quoi la leçon reçue par Rastignac à cette occasion consiste-t-elle ?

Lecture linéaire (p. 103-104, l. 223-251)

Une aristocrate de l'Ancien Régime

2. De quel point de vue la scène est-elle décrite ?

3. Quels procédés mettent en valeur la suprématie sociale de madame de Beauséant ?

Une héroïne tragique

4. Quels éléments mettent en valeur sa supériorité morale ?

5. Relevez et analysez les comparaisons.

6. L. 243-245 : quel est le rôle des négations ?

Lecture d'image (couverture de l'ouvrage)

7. Quel rapport établissez-vous entre ce tableau et le sujet du roman ?

8. Comment les formes et les couleurs sont-elles traitées ? Quel est l'effet produit ?

Étude de la langue

Grammaire

9. L. 225-229 et 246-250 : identifiez les subordonnées de conséquence. Quels mots les introduisent ?

10. L. 229-239 : relevez les superlatifs. Quel effet produisent-ils ?

Orthographe

11. L. 225-229, « [...] chacun mettait tant d'empressement à voir cette grande femme au moment de sa chute, que les appartements, situés au rez-de-chaussée de l'hôtel, étaient déjà pleins quand madame de Nucingen et Rastignac s'y présentèrent » : remplacez « chacun » par « la plupart », « les appartements » par « l'appartement ».

NOTIONS LITTÉRAIRES
Le temps romanesque

Étudier le temps romanesque, c'est repérer les dates et les indicateurs de temps qui définissent à la fois l'époque, la durée, la chronologie et le rythme des évènements.

→ **L'époque**. Au XIXe siècle, par souci de réalisme, les romanciers précisent une date dès l'incipit.

→ **La durée**[1]. À partir de ce repère initial, d'autres indicateurs de temps, « quelques jours plus tard », « le lendemain », permettent de suivre le déroulement du temps et d'évaluer la durée du roman. Balzac fixe le début du *Père Goriot* « à la **fin du mois de novembre 1819** » (p. 83). Au moment de l'agonie du père Goriot, madame Vauquer fournit un nouveau repère : « vous deviez sortir le quinze février, [...] nous sommes le dix-huit » (p. 314). On peut donc évaluer la durée du roman à trois mois.

→ **La chronologie**[2]. Le narrateur peut **suivre l'ordre chronologique**, **procéder à des retours en arrière** : « Le père Goriot [...] s'était retiré chez madame Vauquer **en 1813** [...] » (*cf.* p. 19, l. 271-272), **procéder à des anticipations** : ex. : « L'aplomb qui le distingua plus tard si éminemment, et qu'il commençait à prendre, l'empêcha de s'ébahir niaisement » (p. 59, l. 269-270).

→ **Le rythme**. C'est la répartition entre pauses, sommaires, ellipses et scènes (*cf.* séance 4, « Méthode »).

1. L'étude du temps exige une version intégrale du texte. Les numéros de pages de ce paragraphe font référence au livre de poche LGF n° 757.

2. Les numéros des pages et des lignes de ce paragraphe font référence à la présente édition.

Vocabulaire

12. Relevez les expressions qui donnent une image valorisante de madame de Beauséant. Modifiez-les de façon à donner l'image d'une femme vaincue.

EXPRESSION

Expression écrite

13. Dressez le portrait de deux invitées du bal dont vous inventerez le nom. De la première, vous donnerez l'image d'une parvenue au luxe ostentatoire, et de la seconde, l'image élogieuse d'une femme de cœur. Le point de vue sera celui de Rastignac.

Expression orale

14. Présentez les réponses de la rubrique « Patrimoine » de la séance 4.

PATRIMOINE

15. Citez deux tableaux du peintre David (1748-1825).

16. Citez deux tableaux du peintre Horace Vernet (1789-1863) à la gloire de Louis-Philippe.

Méthode *Comment analyser un tableau*

S'informer

→ Repérer le titre, le nom du peintre, la date et le contexte.
→ Définir le genre et le sujet (peinture d'histoire, portrait, scène de genre, etc.).

Observer

→ Les éléments représentés.
→ La composition (présence de lignes ou de plans structurants ; premier plan, arrière-plan, perspective).
→ La palette de couleurs (dominantes, intensité, etc.).
→ La touche du pinceau (légère, appuyée, épaisse, lisse, glacée, etc.).
→ L'éclairage, les effets d'ombre et de lumière.

Analyser les effets

→ Quelle est la visée de l'œuvre : raconter ? illustrer ? glorifier ? dénoncer ?
→ Quel parti pris esthétique le peintre a-t-il voulu défendre ?
→ Quelles réflexions, quelles émotions l'œuvre éveille-t-elle en vous ?

Une mort pathétique

LECTURE

Lecture d'ensemble

1. Résumez l'itinéraire du père Goriot depuis le début du roman.

Lecture linéaire (p. 109-111, l. 401 à 456)

Regrets (p. 109-110, l. 401-416)

2. Précisez les sentiments exprimés.

3. Quels procédés montrent le trouble du père Goriot ?

Une lucidité inutile (p. 110-111, l. 416-438 : « Si vous saviez [...] parfait »)

4. Quelle est la valeur des imparfaits ?

5. Quels champs lexicaux dominent ? Quels liens logiques les unissent ?

6. Comment la lucidité du père Goriot se manifeste-t-elle ?

Premières blessures (p. 111, l. 438-456 : « Ma tête [...] un joueur au jeu »)

7. L. 440-442 : « [...] la douleur que **m'a causée** le premier regard par lequel Anastasie m'a fait comprendre que je venais de dire une bêtise qui l'humiliait » : expliquez le changement de temps.

8. Relevez les mots et expressions du champ lexical de la souffrance.

9. Cherchez l'étymologie des mots « passion » et « pathétique ». En quoi s'appliquent-ils à cette scène ?

Lecture d'image

10. Quels traits physiques sont accentués par le dessin ? Pour produire quel effet ?

Caricature du père Goriot par Daumier, peintre et caricaturiste français (1808-1879).

PATRIMOINE

11. Présentez des caricatures de Daumier. Expliquez leur dimension satirique.

Étude de la langue

Orthographe

12. L. 407-408, « si j'avais [...] je les verrais. » : remplacez l'imparfait a) par le présent de l'indicatif, b) par le plus-que-parfait, en opérant toutes les modifications nécessaires.

NOTIONS LITTÉRAIRES
La structure du roman

→ Un feuilleton

Initialement, *Le Père Goriot* était divisé en six parties correspondant à six épisodes parus en feuilleton dans la presse : « Une pension bourgeoise », « Les deux visites », « L'entrée dans le monde », «Trompe-la-Mort », « Les deux filles » et « La mort du père ».

→ Une structure dramatique

Cette structure peut se comparer à celle d'une pièce de théâtre dont le plan serait le suivant :

« Une pension bourgeoise » : longue **exposition**, « Les deux visites » : mise en place d'une première **intrigue** (le plan proposé par madame de Beauséant), « L'entrée dans le monde » : mise en place d'une **seconde intrigue** (le plan de Vautrin), «Trompe-la-Mort » : **crise** et **dénouement** de cette seconde intrigue, « Les deux filles » et « La mort du père » : **crise** et **dénouement** de la première intrigue.

Le roman est construit sur une succession de scènes rapides reliées par des sommaires.

→ Un roman d'apprentissage

Au début du roman, Rastignac est un étudiant pauvre et sans appuis. À la fin, surplombant Paris des hauteurs du Père-Lachaise, il lui lance un défi : « À nous deux maintenant ! » En trois mois d'un parcours initiatique, il a acquis une position dans le monde et un jugement lucide. Ayant mesuré les bassesses de la société, il veut la dominer en maître.

Grammaire

13. Classez les trois hypothèses de la question 12 selon qu'elles sont encore réalisables ou pas au moment de l'énonciation.

Vocabulaire

14. L. 443-456 : trouvez deux mots ou expressions au sens figuré.

15. Employez chacun d'entre eux au sens propre.

16. Citez des expressions au sens figuré.

EXPRESSION

Expression écrite

17. Exprimer des émotions. « Ah ! si j'étais » : en vous inspirant du discours du père Goriot, imaginez en une quinzaine de lignes les regrets d'un personnage. Vous avez le choix du motif : études, amour, travail, santé, etc.

Expression orale

18. Lisez de façon expressive l'extrait du *Roi Lear*, p. 150, « Autour de l'œuvre. »

19. Racontez la suite de l'intrigue.

20. Comparez Lear et Goriot.

Méthode *Comment analyser un personnage romanesque*

→ Un personnage de roman se révèle par un **portrait** initial : identité, situation sociale, physique, caractère, passé.
→ Mais sa **construction** se poursuit tout au long du roman par ses **actes**, ses **paroles**, ses **réflexions intérieures**, etc. Étudier un personnage, c'est prendre en compte l'ensemble de ces éléments.
→ **Ex. :** madame de Beauséant **se définit par son statut d'aristocrate de l'Ancien Régime**, mais ce statut se manifeste par sa manière habile de tourner un mot destiné à son amant, par son art de la conversation et de l'épigramme, par son art d'observer les autres sans en avoir l'air (aux Italiens) et par la dignité tragique de ses adieux.

L'envol : bilan

LECTURE

Lecture d'ensemble

1. Comparez Rastignac au début et à la fin du roman.

2. Résumez les principales étapes de son initiation.

Lecture linéaire (p. 120-121, l. 693-740)

3. Quels éléments accentuent l'atmosphère sinistre ?

4. Relevez les champs lexicaux de l'absence, de l'obligation, de la rapidité et de l'argent. Quel est l'effet produit ?

5. L. 715-718 : quel est l'effet produit par ces deux voitures vides ?

6. En quoi cette scène est-elle réaliste, satirique et symbolique ?

7. Quel est le point de vue adopté ? Justifiez.

8. L. 726-730 : en quoi cette phrase constitue-t-elle un tournant ?

9. Dans quelle position Rastignac se trouve-t-il par rapport à la ville ? Comment en prend-il possession ?

Lecture d'image

Paris vu du Père-Lachaise, 1839. Lithographie de Godefroy Engelmann (1788-1839) et William Wyld (1806-1889), musée Carnavalet.

NOTIONS LITTÉRAIRES

La Comédie humaine : le principe du retour des personnages

➜ L'œuvre de Balzac affiche une singulière unité, chacun des romans constituant une facette de *La Comédie humaine* qui l'entoure.

Le titre n'apparaît qu'en 1840. Mais lorsqu'il écrit *Le Père Goriot* (1834), Balzac a déjà une conscience claire de l'édifice pyramidal qu'il veut construire. À la base, un vaste socle de romans centrés sur des ***Études de mœurs*** (subdivisées en *Scènes de la vie privée, Scènes de la vie parisienne, Scènes de la vie de province* et *Scènes de la vie de campagne*). Au-dessus, moins nombreuses et plus abstraites, des ***Études analytiques et philosophiques*** destinées à expliquer ces mœurs.

➜ Avec *Le Père Goriot*, naît le principe du retour des personnages.

Quarante-huit des noms cités apparaissent dans d'autres romans ! Rastignac (*La Peau de chagrin, Splendeurs et Misères des courtisanes* [en compagnie de Vautrin, Victorine Taillefer, monsieur Poiret et mademoiselle Michonneau]), madame de Restaud (*Gobseck*), madame de Beauséant (*La Femme de trente ans*), la duchesse de Langeais, dans la nouvelle éponyme[1], le baron Taillefer (*L'Auberge rouge*).

10. Dans quelle mesure cette image évoque-t-elle l'épisode final du roman ?

Étude de la langue

Grammaire

11. Relevez les verbes au passif et identifiez leur temps.

12. Repérez leur sujet. Quel effet produit l'absence du complément d'agent ?

Orthographe

13. Conjuguez un de ces verbes à tous les temps de l'indicatif, à la troisième personne du singulier.

Vocabulaire

14. L. 733, « Paris tortueusement couché » : expliquez le sens de « tortueusement » dans ce contexte.

1. **Éponyme** : qui porte le même nom.

15. Donnez des synonymes et des antonymes pour chacune de ses acceptions.

EXPRESSION

Expression écrite

16. Écriture d'une scène narrative. Imaginez l'arrivée d'Eugène de Rastignac chez Delphine de Nucingen. Le baron s'apprête à sortir. Vous mettrez en valeur le changement survenu dans la personnalité du jeune homme (assurance vis-à-vis du baron, conscience claire de ses objectifs). Vous arrêterez la scène par cette phrase : « Il lui donna rendez-vous le lendemain. »

Expression orale

17. P. 38-47, l. 806-1058 : lecture dialoguée de la première visite chez madame de Beauséant.

PATRIMOINE

18. Citez un roman de Stendhal dont le thème central est celui de l'ambition.
19. Résumez l'intrigue de *Bel-Ami* et présentez la lecture expressive d'un passage.

Méthode *Comment construire une scène romanesque*

Une scène est un passage narratif où le temps de la narration et celui de la fiction tendent à se confondre. Comme au théâtre, le lecteur a l'illusion d'assister en temps réel aux actes et aux paroles des personnages. La scène joue un rôle dramatique et fait avancer l'action.

Pour construire une scène vivante :
→ **Définissez** la situation initiale et la situation finale de la scène.
→ **Imaginez** les éléments qui vont permettre de passer d'une étape à l'autre en faisant avancer l'action : dialogue, argumentation, évènements exceptionnels, retournement de situation, etc.
→ **Veillez** à rendre visible le décor, les déplacements, les gestes, les émotions, en insérant des notations descriptives et les réflexions intérieures des personnages.

TEXTES ET IMAGE DANS LE CONTEXTE

1. Peinture

CASPAR DAVID FRIEDRICH
***Le voyageur contemplant une mer de nuages* (1817-1818), huile sur toile**

QUESTIONS

1. **Qui est Caspar David Friedrich (1774-1840) ?**
2. **En vous reportant à la fiche « Méthode » de la séance 5, décrivez les éléments du tableau.**
3. **En quoi le héros évoque-t-il l'idéal romantique ? En quoi évoque-t-il Eugène de Rastignac ?**

2. Théâtre

WILLIAM SHAKESPEARE
***Le Roi Lear* (1606), acte I, scène 1**

LEAR.
[...] Qu'on me donne la carte ! (*On déploie une carte devant le roi.*) Sachez que nous avons divisé en trois parts notre royaume, et que c'est notre intention formelle de soustraire notre vieillesse aux soins et aux affaires pour en charger de plus jeunes forces, tandis que nous nous traînerons sans encombre vers la mort... Cornouailles, notre fils, et vous, Albany, notre fils également dévoué, nous avons à cette heure la ferme volonté de régler publiquement la dotation de nos filles, pour prévenir dès à présent tout débat futur. Quant aux princes de France et de Bourgogne, ces grands rivaux qui, pour obtenir l'amour de notre plus jeune fille, ont prolongé à notre cour leur séjour galant, ils obtiendront réponse ici même... Parlez, mes filles : en ce moment où nous voulons renoncer au pouvoir, aux revenus du territoire comme aux soins de l'État, faites-nous savoir qui de vous nous aime le plus, afin que notre libéralité s'exerce le plus largement là où le mérite l'aura le mieux provoquée... Goneril, notre aînée, parle la première.

Traduction François-Victor Hugo (1872).

QUESTIONS

1. **Résumez les informations livrées par cette scène d'exposition.**
2. **Faites la liste des personnages cités et recherchez le nom de leurs épouses respectives.**
3. **Quel rapport voyez-vous entre le comportement du roi Lear et celui du père Goriot ?**

3. Roman

MAUPASSANT
Bel-Ami (1885), fin du dernier chapitre

Le héros sort de l'église où il vient d'épouser par intérêt Suzanne Walter, fille de son directeur de journal, richement dotée. Madame de Marelle est son ancienne amante.

Lorsqu'il parvint sur le seuil, il aperçut la foule amassée, une foule noire, bruissante, venue là pour lui, pour lui, Georges Du Roy. Le peuple de Paris le contemplait et l'enviait.
Puis, relevant les yeux, il découvrit là-bas, derrière la place de la Concorde, la Chambre des députés.
Et il lui sembla qu'il allait faire un bond du portique de la Madeleine au portique du Palais-Bourbon.
Il descendit avec lenteur les marches du haut perron entre deux haies de spectateurs. Mais il ne les voyait point ; sa pensée maintenant revenait en arrière, et devant ses yeux éblouis par l'éclatant soleil flottait l'image de madame de Marelle rajustant en face de la glace les petits cheveux frisés de ses tempes, toujours défaits au sortir du lit.

QUESTIONS

1. **Où se passe précisément la scène ? Justifiez.**
2. **De quel point de vue et sous quel angle de vue la scène est-elle décrite ?**
3. **Quels éléments de la personnalité de Georges Du Roy se révèlent dans cette scène ?**

LEXIQUE

A

Auteur : créateur de l'œuvre. À distinguer, dans un récit, du narrateur.

Autobiographie : récit énoncé en « Je », où l'auteur raconte, rétrospectivement ou non, sa propre vie.

C

Caractérisation : définition des propriétés de l'« objet » d'une description (chose, animaux, paysages) ou le « sujet » d'un portrait (individus).

Champs lexical : ensemble de mots qui développe un même thème.

Chute : fin particulièrement frappante d'une nouvelle.

Connotation : valeurs ajoutées à un terme, à une image variant selon l'origine, la culture du lecteur.

Conte : court récit qui raconte des événements imaginaires.

D

Dénotation : relevé des significations d'un mot présentes dans un dictionnaire, des élémets qui composent une image.

Dialogue : conversation, dans un récit, entre deux ou plusieurs personnages.

Discours rapporté : paroles ou pensées des personnages rapportées par le narrateur.

E

Ellipse : rupture, saut dans le temps de l'histoire.

Énonciation (marques d') : dans l'énoncé, marques (pronoms personnels, déterminants possessifs, temps verbaux...) de l'énonciateur qui s'adresse à un dessinateur.

Excipit : dernières phrases d'un récit.

F

Fantastique (récit) : catégorie de récit qui raconte une histoire apparemment réaliste, mais où interviennent des éléments surnaturels. Suscite chez le lecteur un sentiment de doute sur la véracité ou l'invraisemblance de l'histoire.

Fiction : histoire imaginaire. S'oppose à une histoire « vraie », « réelle ».

Focalisation externe : point de vue du narrateur qui rapporte objectivement ce qu'il « voit » au fur et à mesure que se déroulent les événements de l'histoire.

Focalisation interne : point de vue du narrateur ou d'un personnage qui raconte, à la première personne, et subjectivement, l'histoire à laquelle il assiste ou participe.

Focalisation omnisciente : point de vue du narrateur qui « sait tout et voit tout ». Il connaît le début et la fin de l'histoire au moment où il raconte, il connaît les pensées intimes des personnages, etc.

H

Héros : sujet ou personnage principal qui, par ses actions, est le « moteur » de l'intrigue.

I

Incipit : premières phrases ou ouverture du récit qui permet au lecteur de construire des horizons d'attente et des hypothèses de lecture sur la suite de l'histoire.

Intrigue : enchaînement des faits et des actions qui forment la trame d'un récit.

M

Métaphore : image poétique fondée sur des ressemblances entre un comparé et un comparant.

Merveilleux (conte) : catégorie de récit qui raconte une histoire avec des peronnages stéréotypés, à une époque et dans des lieux irréels et conventionnels. L'intrigue est souvent construite sur une quête et la fin en est heureuse.

Monologue intérieur : discours rapporté d'un personnage qui, dans un récit, se parle à lui-même.

N

Narrateur : créature de l'auteur, « voix » qui raconte l'histoire. Il peut être un témoin ou un personnage qui s'exprime en « je ». Il peut-être aussi une voix « effacée ». L'histoire est alors racontée à la troisième personne.

Nouvelle : court récit de fiction.

R

Réalisme : registre narratif d'une histoire qui crée une « illusion » de réel, qui paraît vraisemblable mais qui n'est pas vraie.

S

Schéma narratif : structure de l'histoire. Souvent décomposé en cinq parties : état initial, complication, actions et péripéties, résolution, état final.

Schéma actantiel : représentation des rapports « de force » entre les personnages qui peuvent assurer le rôle de sujet (ou héros), d'allié, d'opposant...

V

Vraisemblable : possible, crédible. À différencier du « vrai ».

Classiques & Patrimoine

6^e

LE MONSTRE, AUX LIMITES DE L'HUMAIN

Contes des Mille et Une Nuits
Andersen, *Contes*
Lewis Carroll, *Alice au pays des merveilles*
Jacob et Wilhelm Grimm, *Contes*
Homère, *L'Odyssée*
Mme Leprince de Beaumont, *La Belle et la Bête et autres contes*
Charles Perrault, *Contes*

RÉCITS D'AVENTURES

Jules Verne, *Le Tour du monde en 80 jours*

RÉSISTER AU PLUS FORT : RUSES, MENSONGES ET MASQUES

Fabliaux du Moyen Âge
Le Roman de Renart
Jean de La Fontaine, *Fables*
Molière, *Le Médecin volant*

5^e

SE CHERCHER, SE CONSTRUIRE – LE VOYAGE ET L'AVENTURE : POURQUOI ALLER VERS L'INCONNU ?

Jules Verne, *Le Tour du monde en 80 jours*

VIVRE EN SOCIÉTÉ, PARTICIPER À LA SOCIÉTÉ – AVEC AUTRUI : FAMILLES, AMIS, RÉSEAUX

Molière, *Le Bourgeois gentilhomme*
Molière, *Le Malade imaginaire*
Molière, *Le Médecin malgré lui*
Molière, *Les Fourberies de Scapin*

REGARDER LE MONDE, INVENTER DES MONDES – IMAGINER DES UNIVERS NOUVEAUX

Andersen, *Contes*
Lewis Carroll, *Alice au pays des merveilles*
Jacob et Wilhelm Grimm, *Contes*
Mme Leprince de Beaumont, *La Belle et la Bête et autres contes*
Charles Perrault, *Contes*

AGIR SUR LE MONDE – HÉROS, HÉROÏNES ET HÉROÏSMES

La Chanson de Roland
Fabliaux du Moyen Âge
Le Roman de Renart
Tristan et Iseut
Chrétien de Troyes, *Lancelot ou le Chevalier de la charrette*
Chrétien de Troyes, *Yvain ou le Chevalier au lion*

4^e

SE CHERCHER, SE CONSTRUIRE – DIRE L'AMOUR

Prosper Mérimée, *Carmen*
Alfred de Musset, *Les Caprices de Marianne*
Alfred de Musset, *On ne badine pas avec l'amour*
Edmond Rostand, *Cyrano de Bergerac*
William Shakespeare, *Roméo et Juliette*

VIVRE EN SOCIÉTÉ, PARTICIPER À LA SOCIÉTÉ – INDIVIDU ET SOCIÉTÉ : CONFRONTATION DE VALEURS ?

Pierre Corneille, *Le Cid*
Victor Hugo, *Les Misérables*
Molière, *L'Avare*
Molière, *Le Malade imaginaire*
Molière, *Les Précieuses ridicules*

REGARDER LE MONDE, INVENTER DES MONDES – LA FICTION POUR INTERROGER LE RÉEL

Cinq nouvelles autour de l'histoire des arts
Honoré de Balzac, *Le Père Goriot*
Huysmans, Maupassant, Mirbeau, Zola, *Nouvelles naturalistes pour interroger le réel*
Guy de Maupassant, *Cinq nouvelles fantastiques*
Guy de Maupassant, *Cinq nouvelles réalistes*
Guy de Maupassant, *Boule de suif*
Prosper Mérimée, *La Vénus d'Ille*
Edgar Allan Poe, *Quatre histoires extraordinaires*
Bram Stoker, *Dracula*

AGIR SUR LE MONDE – INFORMER, S'INFORMER, DÉFORMER ?

Guy de Maupassant, *Bel-Ami*

3^e

VIVRE EN SOCIÉTÉ, PARTICIPER À LA SOCIÉTÉ – DÉNONCER LES TRAVERS DE LA SOCIÉTÉ

Victor Hugo, *Le Dernier Jour d'un condamné*
Voltaire, *Candide*
Voltaire, *Traité sur la tolérance*

REGARDER LE MONDE, INVENTER DES MONDES – VISIONS POÉTIQUES DU MONDE

Guillaume Apollinaire, *Alcools*

Conception graphique : Muriel Ouziane et Yannick Le Bourg
Édition : Julie Morand
Illustrations des frises : Benjamin Strickler
Réalisation : Nord Compo, Villeneuve-d'Ascq
Crédits iconographiques : couverture et rabat : Bridgeman Images – © cadre : Martial Lorcet – p. 5
© Selva/Leemage – © Lee/Leemage – p. 123 : AKG-Image – p. 127 : BNF – p. 135 : BNF – p. 149 :
© DeAgostini/Leemage

www.classiquesetpatrimoine.magnard.fr

Achevé d'imprimer en Juin 2016
par «La Tipografica Varese Srl» en Italie
N° éditeur : 2016-0067
Dépôt légal : Juin 2016

Certifié PEFC
Ce produit est issu de forêts gérées durablement et de sources contrôlées
PEFC/18-31-264
www.pefc-france.org